ESSAI

SUR

LES FACTIONS,

Par L.-H. JULES MARESCHAL,

Auteur des Considérations sur l'état moral et politique de la France, publiées pendant les cent jours.

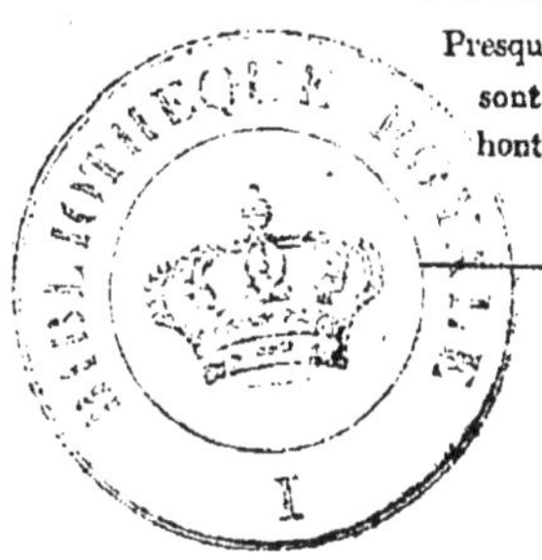

Presque toujours formées d'élémens impurs, les factions sont comme l'écume que la fermentation des passions honteuses produit à la surface des partis.

(*Liv.* Ier., *chap.* 5.)

PARIS.

C. BALLARD, IMPRIMEUR DU ROI,
Rue J. J. Rousseau, n°. 8.

1822.

TABLE

DES MATIÈRES.

LIVRE SECOND.

APPLICATION DES PRINCIPES CONTENUS

DANS LE LIVRE PREMIER.

AVANT-PROPOS.

A quoi bon, me va-t-on dire peut-être, un écrit
politique de plus, ajouté à la foule immense de ceux
que la presse, libre, suscite et multiplie chaque
jour ? Craignez-vous que ces innombrables organes
de l'opinion publique ne suffisent pas encore à l'expression de ses besoins ? pensez-vous qu'en fait de
développement de principes, ou de revendication
de droits, nos publicistes n'aient pas traité à fond,
même tout-à-fait épuisé la matière ? et croyez-vous
enfin, qu'avec tant de précepteurs publics, si pleins
de zèle, il puisse manquer désormais quelque chose
à notre éducation politique ?

Certes, je ne conteste pas l'usage fréquent, im-
modéré même, qu'on fait chez nous de la liberté de
la presse, surtout depuis que le ministère a fait tomber toutes ses entraves ; mais ce que je ne puis accorder, c'est qu'elle soit en effet la source d'une lumière
si pure : c'est que nous n'y trouvions que d'utiles
enseignemens, et qu'elle ne nous donne jamais que
des guides sûrs et fidèles ; loin de là, de combien,
hélas ! de tristes erreurs et d'affligeans sophismes
n'est-elle pas coupable envers la société ! Que de faux
principes, que de dangereux systêmes, de doctrines
pernicieuses, professés, accrédités par elle, dont

les funestes conséquences menacent, ruinent quelquefois et le repos des peuples et le bonheur des individus ! Non pourtant que nous allions jusqu'à lui dénier toute influence bienfaisante, mais pourquoi serait-elle en effet la privilégiée des choses de ce monde, auxquelles la perfection n'a point été donnée, et dont les meilleures ne sont jamais sans abus ? Non, monument déplorable, entre tant d'autres, de notre fragilité, la liberté de la presse a, comme toute institution humaine, plus que toute autre peut-être, ses bienfaits et ses dangers ; si nous lui devons l'avantage d'une voie plus large ouverte à la révélation des mystères de la pensée : si, par elle, les sublimes méditations du sage et du publiciste, amis de l'humanité, deviennent bientôt des vérités vulgaires, dont l'intérêt public s'empare au profit de la morale ou de l'administration des États : si, enfin, la presse libre favorise un développement plus prompt de la raison des peuples, en leur servant comme de fanal pour sortir de la nuit de l'ignorance et des préjugés : trop souvent aussi, on l'a vue, prostituant ses franchises au génie du mal, se faire le héraut des corrupteurs de la morale ou de l'opinion, et l'auxiliaire des ennemis de l'ordre social. Une pensée, plus poétique que solide, a comparé la liberté de la presse à la lance d'Achille, qui guérissait les blessures qu'elle avait faites : soit, mais craignons du moins qu'en fermant la plaie, parfois elle n'y laisse le venin, et que bientôt ses ravages secrets ne viennent, par une subite catas-

trophe, détromper, en les effrayant, les imprudens qui avaient pris pour guérison réelle ce qui
n'en était que la décevante apparence !

Ce mélange nécessaire de bien et de mal qu'on
trouve dans l'usage de la presse libre, peut rendre
difficile à résoudre le problême de son utilité dominante, lorsqu'on le considère comme question spé-
culative d'économie politique, et la sagesse, en ce
cas, serait sans doute d'attendre, pour user de cette
liberté, la solution du problême; mais quand la
question a été tranchée par les suprêmes législateurs d'une nation, quand cette institution est devenue, par la force des choses, un principe fondamental de l'État, et quand surtout l'on voit chaque jour les passions, s'emparant de cette liberté,
s'en faire par ses abus un instrument de désordre
et de corruption, s'abstenir alors ne serait plus, ce
nous semble, d'un sage, mais d'un indifférent; or
l'indifférence, sur de pareilles matières, est-elle
d'un bon citoyen ?

C'est dans la persuasion contraire que j'ai, cé-
dant au désir de reprendre la plume, hasardé de
lancer ce nouvel écrit dans la foule de ceux dont la
presse nous inonde journellement; je ne m'abuse
point sur son mérite : il n'a, je le sais, que celui
d'une intention pure; mais n'est-ce pas déjà quelque chose, au milieu de tant d'intentions perverses ?
Il est un charme naturel propre à la bonne foi,
qui se révèle comme par instinct au cœur des honnêtes gens, et qui prépare leur esprit à la convic-

tion : j'ose prétendre, pour mon livre, à cette favorable impression, car je n'ai suivi dans tout le cours de cet écrit que les inspirations de la plus entière franchise, et il n'est pas un principe, pas un raisonnement, qui ne soit l'expression vraie, la traduction fidèle de ma pensée.

Mon but, en traitant la grave matière, indiquée au titre de cet ouvrage, a été de prémunir mon pays contre un péril toujours à redouter pour les peuples aussi bien que pour les gouvernemens, et que les circonstances présentes pourraient autoriser à croire imminent à notre égard.

En effet, l'on voudrait vainement se dissimuler l'existence des factions en France; trop de symptômes affligeans nous l'ont révélée, et s'il est triste d'acquérir cette conviction, il serait imprudent de la repousser, car ce serait se livrer en aveugle aux dangers que comporte un tel état de choses, et se dénier les moyens d'y porter le remède nécessaire ; gardons-nous donc ce cette pusillanimité d'esprit, qui n'ose envisager le mal, et qui souvent, par la fausse sécurité qu'elle engendre, le rend irréparable : osons porter un œil assuré sur cette plaie de notre ordre social, et libre de passions, si ce n'est celle du bien public, recherchons sans faiblesse, mais aussi sans aigreur, quelle est la nature, quels sont les forces et les desseins des factions qui tendent à nous diviser. Lorsque nous les aurons caractérisées, nous tâcherons d'en diminuer les dangers en indiquant les moyens qui, d'après nos faibles lumières, nous paraissent les plus propres à en prévenir le développement, à en arracher même le germe s'il est possible, ou du moins à modifier leur action, de manière à en sauver à la patrie les plus fatales conséquences.

Nous ne nous sommes pas dissimulé les difficultés d'un pareil dessein : nous savons combien il attaque d'intérêts et d'opinions irritables, combien il peut soulever contre nous de passions, de haines, et peut-être de vengeances; mais nos intentions nous semblent trop pures pour que cette crainte les doive dominer, et nous avons montré, en des circonstances plus graves encore, qu'elle était impuissante contre la conscience de nos devoirs de bon citoyen (1). D'ailleurs nous nous sommes fait une loi de la plus entière modération; et, par caractère autant que par principe, nous avons pris à tâche d'éviter toutes personnalités; nous avons espéré parvenir ainsi à corriger ce que notre sujet a naturellement d'acerbe et de fâcheux, et à concilier, avec la vérité que nous devons aux choses, les égards qu'il est toujours bon de conserver pour les personnes. Au surplus, dût notre entreprise avoir pour nous quelques dangers personnels, nous les acceptons sans balancer, trop heureux de pouvoir acheter, au prix des plus imminens d'entre eux, le

---

(1) L'auteur a publié pendant les cent jours, sous le titre de : *Considérations sur l'état moral et politique de la France,* un ouvrage où il établissait la nécessité de rappeler le Roi légitime pour éviter les malheurs de l'invasion étrangère.

glorieux espoir d'être utile en quelque chose à notre pays !

Pour plus de clarté, nous diviserons notre matière en deux parties, ou livres : dans le premier livre nous traiterons de ce que nous appellerons la *Théorie des factions*, c'est-à-dire, de leurs causes et de leur nature, considérées sous un point de vue général : dans le second livre, nous ferons l'application à l'état actuel de la France, des principes établis dans le premier, et nous chercherons à faire voir la relation qui existe entre notre théorie et les faits que nos observations auront recueillis et signalés.

LIVRE PREMIER.

THÉORIE DES FACTIONS.

CHAPITRE Ier.

De la nature des factions.

COMME, presque toujours, les difficultés qui compliquent l'examen d'une question et la rendent parfois insoluble, proviennent d'obscurité ou de contradiction dans les termes, nous croyons devoir, avant tout, définir avec le plus d'exactitude possible, ce que nous entendons, ce que l'on doit entendre par *faction*.

Ce terme est un de ceux, assez nombreux dans toutes les langues, pour l'explication desquels la raison d'étymologie est insuffisante, et dont la valeur est principalement déterminée par l'usage ; car, s'il a sa racine dans le latin *factio*, ce mot lui-même n'a pas, dans sa langue, une signification fixe, et il a été employé, par les meilleurs auteurs, dans des sens souvent différens, quelquefois même contradictoires ; quelques-uns, en effet, tels que Suetone et Feste, l'ont employé sans aucune acception de politique, et comme indicatif d'une troupe, d'une réunion quelconque d'individus; d'autres, tels que Cicéron et César, l'ont fait synonime de parti; d'autres enfin, comme Salluste, lui ont donné un sens qui revient à celui de complot, de conspiration, de mauvais dessein.

De toutes ces différentes significations du terme originaire, la dernière est la seule que le dérivé paraisse avoir conservée en passant dans notre langue, et en effet le mot *faction* s'y prend assez généralement, doit même, suivant nous, s'y prendre toujours en mauvaise part, et dans le sens que Salluste attache au mot latin dont il est formé.

C'est donc à tort que quelques-uns, entendant par *faction,* un *parti* quelconque, confondraient l'un et l'autre terme; voici la différence à faire entre eux : nous venons de voir quel sens on doit attacher au premier : le second, dans son acception propre et étymologique, signifie *partage, division;* appliqué à la politique, on l'entend comme l'expression d'une différence d'opinions, de principes entre les citoyens, mais sans y attacher de préférence l'idée du mal, ou du moins d'une mauvaise intention : car des gens de bien peuvent, en effet, quelquefois différer entre eux de manière de voir sur les meilleurs moyens de gouvernement, peuvent être, à cet égard, partagés d'opinion, sans vouloir néanmoins renverser le gouvernement légitime et violer les lois établies, sans conspirer enfin, ce qui est le propre des factieux : et de là vient qu'un honnête homme avouera parfois, sans peine, qu'il appartient à un parti, tandis que le factieux lui-même se défendra toujours d'appartenir à une faction.

Pourtant, il faut le dire, la nuance qui distingue le parti, de la faction, est parfois d'autant plus légère, que l'une est souvent la conséquence, au moins médiate, de l'autre, et que l'esprit de parti, poussé à l'extrême, produit presque toujours les factions : cependant, il y a toujours entre eux, même en ce cas, une différence analogue à celle qui existe entre l'action et la volonté : le parti désire, mais la faction agit; ainsi l'un finit où l'autre commence, et l'homme de parti devient factieux, du moment que, ne se contentant plus de désirer un changement conforme à ses vues, il provoque ce changement par des paroles, des écrits, des violences ou des intrigues.

Il nous faut ici prévenir une objection :

Si nous avons dit, tout-à-l'heure, que des gens de bien peuvent professer, sans crime, des opinions différentes sur les matières de gouvernement, qu'on se garde bien de nous accuser néanmoins d'un fâcheux scepticisme relativement à des principes qui, pour le salut des peuples, ont besoin d'être soutenus par une foi politique vive et sincère. On verra plus bas comment, et dans quel sens, nous concevons l'innocence possible d'uue divergence de vues à cet égard; toutefois, et pour prévenir dès l'abord toute fausse interprétation sur notre manière personnelle d'envisager ces hautes matières, nous croyons devoir faire ici notre profession de principes, et nous allons indiquer sommairement nos idées principales sur le point dont il s'agit.

CHAPITRE II.

Aperçu de principes sur le gouvernement des États.

Suivant nous :

L'existence des gouvernemens, en général, n'est pas une création pure de l'esprit de société, dont les règles puissent être, à ce titre, considérées comme variables et arbitraires ; sa source est plus haut : on la trouve dans la conséquence de ces lois admirables de la nature, par lesquelles se conserve et se perpétue l'harmonie des choses créées. La même Providence qui, par le sentiment de nos besoins, a mis en nous l'idée de nous réunir, en vue d'une mutuelle assistance, nous a indiqué en même tems, par les révélations de la raison naturelle, la loi conservatrice de ces réunions.

Et comment croire, en effet, que cette Providence si juste, ait pu voir l'homme avec plus d'indifférence que des espèces moins nobles, et qu'elle ait dédaigné de s'occuper du sort des sociétés humaines, lorsque, par le merveilleux phénomène de l'instinct, elle a tracé, pour toutes les aggrégations d'animaux des lois si constantes et si sages ;

qu'en un mot, elle ait traité l'homme moins bien que la fourmi, l'abeille, ou le castor? Elle l'a, nous le savons, doué de cet instinct plus noble et plus libre, qu'on nomme le jugement; mais aussi elle a mis dans son cœur tant de passions, propres à l'aveugler, qu'on ne peut croire qu'elle ait voulu l'abandonner tout-à-fait à lui-même, et qu'elle ne lui ait pas donné pour guide une sorte de lumière naturelle, qui, malgré la faiblesse et les aberrations de sa raison, le rappelle, comme malgré lui, vers l'utile et le vrai, dont il s'écarte trop souvent.

Sachons donc reconnaître, ici, l'existence d'une règle antérieure à toute convention humaine; gardons-nous d'attribuer à un principe, immuable de sa nature, une mobilité qui lui ôterait toute sa force; et ne rendons pas tributaires des passions, ou de l'inconstante volonté des hommes, des lois qui ne furent pas leur ouvrage.

La première de ces lois, c'est la condition d'un pouvoir supérieur, dont la force salutaire puisse diriger vers un centre d'intérêt commun l'action de chaque individu; un pouvoir auquel, à l'exemple de la suprême puissance de Dieu, il soit donné de punir et de récompenser, suivant les mérites et les fautes de chacun.

Ce droit de souveraineté n'est guères contesté dans son principe, ou du moins il ne saurait l'être sans un étrange aveuglement; mais qui doit l'exercer? à qui doit être confié le dépôt d'un semblable pouvoir? sous quelle forme son action doit-elle être instituée? Voilà des questions sur lesquelles de longues, et souvent de sanglantes controverses, se sont établies parmi les hommes.

Trois principaux modes d'institution existent depuis l'origine des sociétés, qui se sont partagé l'opinion, et qui ont donné leur caractère à un égal nombre de systêmes de gouvernement, essentiellement différens entre eux : le *monarchique*, *l'aristocratique* et le *démocratique* (1); ce qui revient

---

(1) Cette classification n'est pas celle de Montesquieu, et nous craignons bien de paraître ou téméraire ou ridicule en nous permettant d'avoir une autre opinion que ce grand maître : voici le raisonnement que nous alléguons pour excuse : les trois genres de gouvernement que Montesquieu reconnaît sont, le *républicain*, le *monarchique* et le *despotique*. (ESPRIT DES LOIS, liv. 2, chap. 1.) Mais il nous a semblé qu'il y avait ici quelque confusion ; qu'en divisant d'une manière absolue le gouvernement despotique, du monarchique, on faisait un *genre*, de ce qui ne nous paraît qu'une *espèce*; car, généralement, le gouvernement monarchique s'entend, ce nous semble, de celui où le droit de souveraineté réside en une seule personne, et c'est ce qui en caractérise le genre; mais cette souveraineté peut être exercée sous deux modes différens, et c'est ce qui constitue les deux *espèces* du gouvernement monarchique. Dans la première, qui est la *monarchie absolue* ou *despotique*, le souverain gouverne sans autre règle que sa volonté; dans la seconde, qui est la *monarchie tempérée*, le monarque gouverne par des lois fixes et établies.

Quant à la classification admise par Montesquieu à l'égard des gouvernemens aristocratique et démocratique, qu'il réunit sous un même genre, le *républicain*, ceci nous paraît moins susceptible de contestation, et nous avions pensé d'abord, en adoptant cette idée, à ne reconnaître que deux genres de gouvernement, le monarchique et le républicain; mais après quelques méditations, il nous a paru, qu'à la rigueur, on pouvait signaler une différence capitale entre le gouvernement de plusieurs et celui de tous, et que cette différence changeant d'une manière essentielle les rapports entre les gouvernans et les gouvernés, il

à la triple idée de l'exercice du pouvoir souverain, ou par un seul, ou par plusieurs, ou par tous.

De ces trois genres de gouvernement est né, dans les tems modernes, un quatrième genre, qui participe également des trois autres : c'est le *gouvernement mixte* ou *représentatif*, dans lequel l'exercice du pouvoir souverain se partage entre le Monarque, les grands et le peuple.

Il n'entre point dans notre plan de comparer ces différens systêmes de gouvernement et de décider entre eux : outre que ceci demanderait une longue digression, il se pourrait que l'histoire vînt prouver contre la préférence que nous accorderions à l'un d'eux, en nous montrant des peuples parvenus, sous chacun de ces régimes, à un haut degré de grandeur et de prospérité. Nous dirons seulement que le gouvernement monarchique, quels que soient ses différens modes (1), nous paraît le plus près de

---

en résultait une sorte de nécessité de classer ces deux modes, si peu semblables, sous deux genres différens, d'autant plus que chacun d'eux a, lui-même, d'assez nombreuses espèces.

Tels ont été les motifs qui nous ont déterminé à penser, sur ce point, autrement que Montesquieu, et l'on croira bien que si nous l'avons osé faire, ce n'a été qu'en tremblant, car nous partageons l'admiration commune pour ce grand publiciste, et nous considérons son génie comme la lumière la plus pure qui puisse éclairer les hommes.

(1) Oui, même la monarchie absolue, et plus peut-être encore celle-ci que les autres : ce sentiment pourra scandaliser certains exclusifs, mais nous écrivons pour la vérité, non pour les partis, et nous avons, en faveur de notre opinion, l'imposante autorité de l'histoire, qui nous enseigne que presque tous les peuples ont ainsi commencé; nous sommes, au surplus, loin de nier que les progrès de la civilisation et la multipli-

la nature, et le plus propre, par la simplicité de son principe, à se faire comprendre, même par les esprits les moins exercés, ce qui est un grand avantage en toutes choses. Au surplus, beaucoup de motifs nous porteraient à penser qu'un instinct naturel fait adopter à chaque peuple, dès son origine, le mode de gouvernement qui convient le mieux à son caractère, et qu'ainsi, presque toujours, en changeant forcément ce mode, on brise le ressort de sa puissance : ce n'est pas toutefois qu'on doive, dédaignant la leçon du tems, repousser, dans un gouvernement, les améliorations qu'elle indique, car perfectionner n'est pas détruire, et comme il est dans l'ordre de la nature que les mœurs d'un peuple changent peu à peu, il est naturel aussi que ses lois suivent le même mouve-

---

cité des rapports sociaux qu'elle a créés, n'aient rendu nécessaires d'importantes modifications dans ce système originaire de gouvernement, et pleinement justifié l'institution des monarchies tempérées, et même des représentatives : mais nous croyons que la raison ne demande rien de plus au principe de la démocratie, et que celui de la monarchie doit toujours prédominer, par cela seul qu'il est puisé dans la nature des choses. C'est en effet par l'exemple de cette autorité si naturelle du père de famille, que les premiers hommes réunis en société ont été conduits à l'idée du gouvernement d'un seul, et par cela même que cette idée fut la première, que cette institution politique fut la primitive, les subséquentes doivent s'y rattacher presque forcément. Par cette loi de nature, les républiques elles-mêmes doivent tendre à la monarchie, ainsi que l'a prouvé, au reste, la plus fameuse d'entre elles, celle de Rome, et nous en pourrions citer plusieurs, même parmi les modernes, qui, en dépit de la propagande révolutionnaire, reviennent, par une marche presque insensible, mais non moins sûre, à ce premier principe. En un mot, la démocratie nous paraît la cause de l'agitation des peuples, et la monarchie leur point de repos.

ment : aussi n'est-ce pas ce mouvement sage et réglé que nous pourrions blâmer ; nous ne voulons parler que de ces changemens subits, de ces passages violens d'un régime à l'autre, que parfois l'imprudence ou l'ambition provoquent, et qui compromettent toujours si gravement et le repos actuel et même l'avenir des nations.

Il n'y a de garantie contre ce danger, que dans la fidèle observation d'un principe qu'on peut regarder comme la conséquence immédiate et nécessaire du droit de souveraineté, tel que nous l'avons ci-dessus défini : ce principe est celui de la légitimité; son extrême importance mérite quelques développemens, et nous engage à lui consacrer le chapitre suivant.

CHAPITRE III.

Quelques idées sur la légitimité.

Nous ne prétendons pas nous enfoncer ici dans les sublimes profondeurs du droit divin : nous laissons à de plus éloquens, cette belle et noble thèse, qui, faisant voir l'intervention du ciel dans les choses de la terre , élève la dignité de l'homme jusqu'à l'idée d'une sorte de relation entre lui et la Divinité : reconnaissant toute notre insuffisance pour traiter dignement des matières si élevées, nous ne considérerons ici la légitimité que sous un rapport purement humain.

Ainsi envisagée, on l'entend du droit de perpétuité que des considérations d'ordre public font attacher aux institutions politiques.

Il y a deux légitimités : celle des choses et celle des personnes, des gouvernemens et des princes; la première propre à tous les états : la seconde se rapportant aux seules monarchies; la première, ordonnant le maintien de tout gouvernement, quelle que soit sa nature, qui a obtenu la sanction des hommes et du tems : la seconde, établissant, comme dogme fondamental des gouvernemens monarchiques, l'hérédité du pouvoir et l'inviolabilité du monarque.

On peut dire de ces deux légitimités, que l'une et l'autre ont également leur cause essentielle dans l'intérêt des peuples, puisqu'elles ont pour but d'asseoir sur des bases fixes leur organisation politique : et quel intérêt plus grand, en effet, pour un peuple que celui d'éviter les fatales conséquences de l'instabilité de son gouvernement, et de se prémunir contre le danger des révolutions, des révolutions, fléau terrible, torrent dévastateur, qui, dans son cours désordonné, entraîne à la fois les hommes et les choses, disperse, s'il ne les anéantit, tous les élémens de l'ordre social, et marquant partout son passage par des traces de ruine et de désolation, ne laisse après lui que des désastres à réparer, ou des crimes à pleurer !

Prévenir de si grands malheurs, tels sont et le but et le résultat nécessaire du double principe de légitimité que nous venons de définir.

Par lui, les gouvernemens sont mis à l'abri des entreprises téméraires de l'esprit innovateur, qui n'est trop souvent que l'esprit de désordre, et les trônes sont défendus contre les tentatives criminelles de l'ambition. Si en effet quelque danger de cette nature vient à menacer l'État, alors le principe de la légitimité, par sa propre force, convoquant à sa défense tous les citoyens, leur fait un devoir de repousser l'agression et de maintenir le gouvernement ou le Prince légitimes ; tandis qu'au contraire, si ce principe est méconnu, l'opinion publique, privée d'un centre nécessaire, se divise, perd par cela même toute sa force, et l'état, livré sans défense à ses ennemis, est précipité dans l'abîme des révolutions.

En un mot, avec la légitimité, le repos des peuples est à jamais garanti de toutes atteintes ; sans elle, tout n'est plus qu'inquiétude, trouble et confusion.

Un de ses nombreux avantages, c'est de rendre les gouvernemens qu'elle protége plus favorables que tous autres à la liberté. Comme effectivement l'autorité y est en général toujours assurée de son maintien, elle s'y livre, d'autant plus volontiers, à la foi des citoyens ; elle a cette sorte de bienveillance et de longanimité, que donne presque toujours le sentiment de sa force ; n'ayant point la crainte du peuple, elle a le désir de son amour, et par cela même tend naturellement à la protection et au développement des intérêts populaires. Dans un gouvernement usurpateur, au contraire, le pouvoir, toujours menacé par le parti vaincu, est ombrageux par nécessité de position; facile au soupçon, sans cesse en garde contre les attaques qu'il redoute, l'instinct de conservation le pousse à un système permanent de rigueur et d'oppression; il s'alarme à l'idée seule de laisser au peuple les moindres droits, et s'effraie même d'une ombre de liberté; sa tendance naturelle est ainsi vers l'arbitraire et le despotisme.

Que si toutes les considérations qui précèdent, si ces motifs terrestres donnent déjà une si grande force au principe de la légitimité, qu'est-ce donc lorsque cette force s'augmente de toute l'imposante autorité du droit divin, et dès-lors s'attaquer à ce principe n'est-ce pas offenser en même tems et le ciel et la terre?

CHAPITRE IV.

D'une conséquence de la légitimité.

Effleurons en passant une question qui semble naturellement liée à notre sujet, et qui d'ailleurs, dans les circonstances présentes, ne manque peut-être pas d'à-propos.

Le devoir de maintenir les gouvernemens légitimes s'étend-il aux peuples voisins, et autorise-t-il l'intervention étrangère?

Il faut avant tout se hâter de reconnaître un principe : c'est que la liberté des peuples doit être respectée aussi bien que celle des individus, et qu'attenter à leur indépendance est une violation monstrueuse du droit des gens.

Mais ce principe tout seul suffit-il à la solution de notre question?

Pour qu'on puisse dire qu'il en emporte la négative, il faut de nécessité qu'il y ait une entière similitude entre le fait qu'il suppose et celui de la question à examiner; or, c'est ce qui n'est pas.

Qu'est-ce, en effet, qu'attenter à l'indépendance d'un peuple? Evidemment, c'est l'attaquer en vue de spoliation et de conquête; mais on ne peut reconnaître une attaque de ce caractère dans l'action de porter secours à son gouvernement légitime menacé de subversion.

Ainsi, ce n'est pas là que nous trouverons une raison suffisante de décider contre l'intervention étrangère; bien plus, nous en pourrions tirer en sa faveur un argument *à contrario sensu*; car si elle doit être réprouvée lorsqu'elle a pour cause un sentiment hostile, il s'ensuit qu'au contraire elle doit être approuvée lorsque sa cause est dans un sentiment de bienveillance et de protection.

Par quel autre raisonnement cherchera - t - on donc à établir la négative?

Peut-on dire que les peuples, même circonvoisins, sont entre eux dans un état d'isolement qui exclut tout rapport d'intérêt, quel qu'il soit; que l'atteinte portée chez l'un à des principes de droit public ou d'humanité ne doit point importer aux autres; que les révolutions de l'un sont sans nulle conséquence pour ses voisins, et qu'ainsi rien n'autorise l'intervention de l'un dans les affaires de l'autre?

Suivant nous, c'est la thèse contraire qui est juste, et qu'il faudrait soutenir.

En effet, il existe, ce nous semble, entre tous les peuples, une relation nécessaire qui s'est formée à l'exemple de celle que la nature a établie entre tous les hommes, une sorte de confraternité sociale qui les rend solidaires pour la défense de leurs intérêts respectifs; car nous repoussons de toutes nos forces cette politique étroite et sauvage, fruit d'une vanité nationale désordonnée ou d'une secrète aversion pour l'humanité, qui tend à mettre tous les peuples en état d'interdit réciproque, et à fomenter entre eux des haines permanentes. Certes, nous aimons autant que personne notre patrie, nous préférons notre pays à tout autre, et nous sommes prêts à lui faire tous les genres de sacrifice; mais nous ne croyons pas lui devoir celui de la justice envers les autres peuples, et surtout celui de nos devoirs de bien-- veillance envers tous les hommes.

D'ailleurs, le torrent des révolutions déborde si facilement que, pour éviter les malheurs de son invasion sur les territoires voisins, les nations sont naturellement intéressées à ce que la source en soit promptement tarie chez celles où elle a pris naissance.

Nous admettons donc, comme principe du droit des gens, que les nations se doivent respectivement assistance pour le maintien des gouvernemens légitimes, et que dès-lors elles peuvent intervenir mutuellement pour la défense de leurs institutions politiques.

Mais ce n'est pas seulement sur un motif d'intérêt que nous appuyons ce droit d'intervention ; nous lui reconnaissons une base encore plus essentielle, et pour ainsi dire plus noble : c'est le besoin de conservation de ces grands principes qui fondent l'ordre social et la morale des peuples. Nous concevons ces principes comme un dépôt sacré mis sous la sauvegarde de toutes les nations, et qu'elles ne doivent jamais laisser violer impunément. Si donc on pouvait supposer qu'un peuple devînt coupable d'outrage envers l'un de ces préceptes, il y aurait, suivant nous, devoir et nécessité pour les autres peuples de châtier cet outrage ; et si cela est juste à l'égard de tout un peuple, combien ne l'est-ce pas plus encore lorsqu'il ne s'agit que d'une minorité extravagante ou coupable qui, par une force oppressive, agit contre le vœu de la majorité, ainsi qu'il arrive dans presque toutes les révolutions ? Dire qu'une intervention, faite en ce sens, est une atteinte à l'indépendance des nations ne nous paraît guère plus sensé que de dire que la répression légale d'un crime, qui fait tomber un citoyen indigne en captivité, est une violation de la liberté individuelle.

Ce n'est pas que toujours l'intervention effective soit nécessaire; par exemple, elle ne l'est pas, lorsqu'on peut raisonnablement supposer que les perturbateurs de l'ordre seront facilement réprimés par l'autorité légitime et par la force nationale. Il faut alors laisser agir cette force seule; car l'invasion ne paraissant plus motivée par une évidente nécessité, il serait à craindre qu'au lieu d'un secours généreux le peuple envahi n'y entrevît un secret dessein de conquête, et qu'alors il ne s'opposât à l'intervention par esprit national et dans l'intérêt même de la légitimité, qui en effet n'a pas moins pour ennemie la conquête que l'usurpation. Mais si au contraire l'ordre social a été renversé; si c'est la faction usurpatrice qui est parvenue à s'emparer du pouvoir et à créer un gouvernement de fait; si le Prince, captif de la révolte et incessamment menacé du régicide, n'est plus conservé par elle que comme un déplorable instrument de ruine de sa propre puissance; si enfin la légitimité a été forcée de se réfugier dans le fatal principe de l'insurrection; c'est alors que la nécessité de l'intervention est pleinement justifiée ; c'est alors que le droit des gens , que la morale, que l'humanité, font aux peuples voisins un devoir de voler au secours de ce peuple opprimé, pour l'aider à rétablir chez lui l'ordre social, et à prévenir, en délivrant son Prince, un grand crime qui fut toujours pour une nation la cause et le signal des plus effroyables catastrophes. Non pourtant encore que l'intervention armée se doive faire sans avoir au préalable épuisé toutes les voies de conciliation ; car la légitimité a horreur du sang des hommes, et pacifique, humaine, tolérante de sa nature, elle ne peut se résoudre, sans y être contrainte par la loi sévère d'une absolue nécessité, à se servir, même contre les coupables, de la cruelle ressource des armes, et de la sanglante justice de la guerre.

Observons encore que ce devoir d'intervention, quelque rigoureux qu'il soit, ne doit pas être toutefois considéré comme si absolu qu'il ne puisse jamais être modifié par les circonstances : il peut au contraire fléchir, parfois même céder presque entièrement à de plus hautes considérations d'ordre public, et se résoudre alors en simples négociations, en tentatives diplomatiques , au lieu de s'accomplir par la force des armes ; car il pourrait se trouver un concours de circonstances tel, qu'un événement de cette nature laissât la crainte qu'il ne vînt à déterminer une commotion plus étendue, et à causer de plus grands maux ; or, dans ce cas, la sagesse et

la justice exigeraient le sacrifice de l'intérêt particulier à l'intérêt général, et force serait d'abandonner, pour ainsi dire, à lui-même, au grand regret
de l'humanité, le malheureux peuple qu'on ne
pourrait secourir efficacement sans un danger imminent pour les autres. C'est aux pouvoirs régula-
teurs du sort des nations qu'il appartient de mé-
diter sur ces graves matières, et de se décider,
suivant les conseils de la prudence, sur la marche
qui doit être adoptée.

Nous ne saurions quitter ce sujet sans rendre, ici,
un public et sincère hommage à la plus sublime
des institutions politiques dont puisse s'honorer la
sagesse humaine; à ce tribunal auguste, où se juge
la cause des peuples; à cet aréopage de rois, que
l'amour de la paix a confédérés contre l'anarchie,
comme il les avait ligués contre l'usurpation; à cette
Sainte-Alliance enfin, dont l'existence réalise, à
la gloire du siécle, une idée que les âges précédens
avaient regardée comme un beau rêve de la philantropie. Honneur aux princes magnanimes qui,
plaçant l'Europe sous cette égide protectrice, et
luttant incessamment pour elle contre le génie des
révolutions, s'efforcent à lui créer une ère durable
de repos et de prospérités ! Honneur surtout à cette
généreuse abnégation d'amour-propre et d'intérêt
personnel, qui, faisant taire dans leur cœur la voix de
l'ambition et réprimant en eux l'esprit de conquête,
semble ne leur permettre d'autre idée que celle
d'une administration sage et paternelle des intérêts

de leurs peuples, et les vouer sans partage au soin de leur bonheur ! Puissent tant de grandeur d'âme et de royales vertus trouver leur juste récompense, dans l'heureux succès de soins si magnanimes, ainsi que dans la reconnaissance des nations, comme elles sont sûres déjà de la trouver dans l'admiration de la postérité !

En parlant des efforts tentés par les chefs des peuples européens pour étouffer l'esprit de révolution, nous nous trouvons naturellement ramenés à notre sujet principal; car c'est par les factions, en effet, qu'on arrive aux révolutions. Après en avoir défini la nature, au chapitre Ier., il nous faut voir maintenant quelles en sont les causes ordinaires, à quels signes on les reconnaît, et par quels moyens on peut les combattre : c'est ce qui fera le texte des trois chapitres qui vont suivre.

CHAPITRE V.

De la cause de factions,

Nous avons dit ci-devant que la première origine des factions se trouve dans les partis. Voyons donc d'abord, pour procéder avec plus de méthode, en remontant au principe des choses, comment se forment les partis eux-mêmes.

On peut, en général, assigner trois causes à leur existence :

La première est dans cette infirmité naturelle de l'esprit humain, qui crée, par ses inégalités, les jugemens différens des hommes sur des choses cependant identiques : appliquée aux spéculations de la philosophie ou des sciences, cette diversité de jugemens produit les systêmes, les disputes littéraires : appliquée à la politique, elle produit les partis.

C'est encore dans une autre faiblesse de l'homme qu'il faut chercher la seconde cause des partis; c'est dans l'amour-propre, cette terrible maladie du cœur, contre laquelle la raison et l'équité sont trop souvent d'impuissans remèdes : quand, en effet, l'esprit en est venu au point de faire sienne une opinion quelconque, la vanité l'y attache en raison inverse des efforts qui la combattent, le ferme à toute évidence contraire, et l'aveugle parfois si complètement qu'il n'est pas rare alors de voir soutenir, de bonne foi, les thèses les plus extravagantes; et comme l'amour-propre est un mal contagieux qui gagne rapidement les masses aussi bien que les individus, c'est ainsi que sur des questions de politique, dont un grand nombre se sera occupé, et que l'esprit de sophisme aura obscurcies, la contradiction fera naturellement naître les partis : de là vient aussi, que, dans tout gouvernement qui admet le principe de démocratie, quelque modifié qu'il soit d'ailleurs, la discussion des intérêts sociaux y étant de droit public, les partis s'y forment plus fréquemment, et y prennent plus facilement de la consistance, que sous les gouvernemens absolus, où les matières politiques sont pour le peuple dans une sorte d'interdit.

La troisième cause des partis, c'est l'intérêt; nous entendons un intérêt général légitime ou, du moins, légitimé par la bonne foi de ceux qui le revendiquent : cette cause agit sans doute avec une grande puissance, mais elle n'a pas l'opiniâtreté des précédentes : il est possible, en effet, de détruire, sous ce rapport, des craintes ou des préventions mal fondées : on peut rassurer les hommes sur des intérêts ou des droits qu'à tort ils avaient cru compromis : mais combien n'est-il pas plus difficile de les amener à convenir que leur esprit a été en défaut, et que leurs opinions sont erronnées? Aussi le moyen le plus sûr de calmer les partis, nous paraît-il être de ménager autant que possible les amours-propres, en s'abstenant dans la discussion des traits de l'ironie ou du dédain, à moins qu'il ne s'agisse d'opinions si absurdes, ou de choses si ridicules, qu'une réfutation sérieuse soit inutile et déplacée; car c'est par ce fiel de discussion que s'enveniment les disputes; c'est ce qui, d'une simple différence de jugement, fait une querelle de parti, et engendre des haines trop souvent irréconciliables entre des individus ou des classes également respectables.

Telles nous paraissent être les causes les plus ordinaires auxquelles on doit attribuer la formation des partis, et l'on voit qu'elles n'accusent que la faiblesse humaine, sans compromettre l'honneur de l'homme.

Quant aux factions, l'on ne saurait en voir les causes avec la même indulgence; car elles ne se recommandent par rien de ce qui peut, aux yeux de la morale et de la raison, atténuer des torts ou faire excuser des excès : presque toujours formées d'élémens impurs, elles sont comme l'écume que la fermentation des passions honteuses produit à la surface d'un parti : les exagérations de l'amour-propre, qui aveuglent jusqu'à se rendre criminel envers l'ordre social; l'intérêt personnel, devenu basse cupidité; et les rêves d'une ambition furieuse, qui prennent la place du zèle pour le bien public : telles sont les causes premières et méprisables auxquelles on dut partout les factions.

Une situation politique est surtout tristement favorable à leur développement : c'est lorsque que de grandes commotions ont changé la face d'un État; que beaucoup d'intérêts ont été déplacés; qu'on a vu de ces élévations rapides, dues parfois au mérite, parfois aussi à l'intrigue ou à la faveur des événemens; de ces fortunes subites, qu'accuse souvent leur promptitude, et que ne justifient pas toujours leurs possesseurs; alors les passions, mises en jeu, éveillées par un si puissant appât, fermentent de toutes parts : excitées, encouragées par l'exemple et l'apparente facilité du succès, toutes les ambitions, toutes les cupidités s'agitent, s'évertuent, soit pour

ressaisir des supériorités perdues, soit pour en con-
quérir des nouvelles; et dans cette impatiente ardeur de parvenir, on oublie, on méprise les règles
du juste et tous les devoirs du citoyen : trouvant
les voies ordinaires trop longues, au gré de ses désirs, on s'engage dans de moins honnêtes, mais
qui paraissent plus courtes; on se laisse séduire par
de perfides conseils, égarer par des guides plus perfides encore ; on intrigue, on machine, on devient
factieux; et c'est ainsi trop souvent que l'immodé-
ration des désirs entraîne aux plus funestes écarts,
en politique, aussi bien qu'en morale !

Toutefois, en réprouvant comme on le doit, une
ambition qui fait donner dans de si déplorables excès,
qu'on se garde bien de la confondre avec cette autre
ambition, qui n'est qu'un noble désir de gloire, naturel aux belles âmes : la différence est énorme entre
elles : celle-ci, loin de chercher à se satisfaire aux dépens du bien public, est toujours prête au contraire
à lui tout sacrifier; c'est la cause inspiratrice des
grandes actions, des dévouemens sublimes; c'est
elle qui fait les grands ministres, les magistrats vertueux, les guerriers illustres : c'est par elle et pour
elle que de dignes citoyens consacrent à l'intérêt
commun leurs veilles, leurs travaux, et souvent
même leur existence toute entière ; et pourtant
quel est le prix qu'elle met à de pareils sacrifices,
qu'elle espère de tant d'abnégation? L'estime publique, la reconnaissance du Prince et de la patrie ;
que si parfois il vient se mêler à ce noble désir,

celui des honneurs personnels, de quelques dis-
tinctions, l'austère philosophie peut bien, à la rigueur, regretter cette légère faiblesse dans des âmes
d'ailleurs si fortes, mais la morale publique l'ab-
sout pleinement, et même l'intérêt de la société
l'encourage : d'ailleurs les honneurs n'arrivent pas
toujours à ceux-là seuls qui les ont recherchés ; tel
en paraît avide, qui seulement les accepte, qui les
subit comme une conséquence de sa position, et
qui, à l'exemple du philosophe de Cyrène, les possède sans en être possédé : assez grand pour les avoir
vus d'un œil indifférent, mais assez sage pour s'y
soumettre, comme à un joug imposé par les con-
venances sociales.

Ce n'est pas dans de pareils hommes que l'ambition est à craindre pour la tranquillité des États.
Il y a entre eux et les hommes de faction, a différence, grande, immense, qui existe entre le bien
et le mal, entre le vice et la vertu; et plus le principe qui les anime paraît noble, beau, digne d'admiration, plus on doit de mépris et d'aversion aux
sentimens qui forment et dirigent les factions,
source fatale de tous les malheurs publics.

CHAPITRE VI.

A quels signes on reconnaît les factions.

Par cela même que les factions tendent au renversement de l'ordre de choses établi, afin de lui

en substituer un autre plus conforme à leurs vues ambitieuses, elles doivent, conséquentes à elles-mêmes, agir constamment dans ces vues de destruction, et pour arriver à leur but tous les moyens doivent leur paraître bons. Ainsi donc, elles ne feront compte ni de la raison, ni de la justice, ni de la bonne foi, ni de la morale, ni de l'humanité, enfin d'aucun de ces sentimens qui doivent diriger l'homme dans des entreprises honorables : et comme elles ont mis toutes leurs espérances dans le désordre et dans une conflagration générale, peu leur importe si, pour l'obtenir, il faut blesser l'un ou l'autre de ces sentimens, ou même les outrager tous à la fois.

Il est donc assez facile, à l'aide de quelqu'esprit d'observation, de reconnaître les symptômes de leur existence ; en voici quelques-uns des plus évidens :

Du sein des controverses politiques, produites par l'esprit de parti, l'on voit naître et grandir, peu à peu, une opinion remarquable par son exagération, et surtout par la mauvaise foi qui perce fréquemment à travers le voile de sincérité dont on s'efforce de la couvrir : affectant, outre mesure, cet esprit de civisme et de philantropie qui séduit le vulgaire, elle paraît ne tendre qu'à l'intérêt et au bonheur de l'État, au moment même où elle l'attaque sourdement avec le plus de violence et de danger : intéressée à pervertir l'opinion publique, elle prend, pour ses ministres, les pamplets et

les libelles : à l'aide d'une artificieuse logique, et
déduisant de principes , parfois vrais, les conséquences les plus fausses , elles travaille à séduire, à
égarer les esprits sur la trace de ses sophismes : par
elle, les notions communes du juste et de l'injuste
sont confondues : les devoirs sociaux sont niés ou
déplacés; l'indépendance n'est plus que la haine du
pouvoir légitime : la liberté s'entend de l'affran-
chissement de tous ces liens salutaires, dont, en un
État bien constitué, l'intérêt de tous doit enchaîner
les passions de chacun : l'amour du bien public est
transformé en habitude d'une censure sanglante et
aveugle de tous les actes de l'autorité : toutes les
supériorités de génie et d'honneur sont niées dans
les hommes qui servent le gouvernement , et sont exclusivement réservées pour ceux-là seuls que leur
exaltation a fait le plus remarquer parmi ses adver-
saires : les calomnies sont accumulées sur la tête des
plus fidèles serviteurs de l'État, et les menaces leur
sont prodiguées, dans la vue de les détourner de
leur devoir par le découragement ou par la crainte ;
enfin la personne même du souverain n'est point
épargnée; ses intentions comme ses actions, sont
interprétées avec une égale perfidie; et c'est ainsi
que pour arriver à un renversement, on s'efforce,
avec une incroyable audace, de faire entendre que
la nation ne voit qu'avec une secrète répugnance
l'ordre de chose existant, et que son bonheur est
incompatible avec le gouvernement légitime.

Bientôt le fruit amer de tant de doctrines pernicieuses, de tant d'injustes accusations et de faux jugemens, se montre et se développe : les passions malveillantes s'émeuvent, fermentent dans la sphère d'activité que la faction s'est créée : alors , des ligues se forment dans les ténèbres, des sociétés secrètes s'organisent, des séditions se trament, éclatent, se multiplient ; et le citoyen honnête, mais peu clairvoyant, qui d'abord avait répugné à l'idée de la malveillance, reconnaît enfin avec douleur que l'État, prêt à devenir la proie des factions, est menacé par elles des plus éminens dangers.

CHAPITRE VII.

Comment on étouffe les factions.

La divine Providence a créé, dans tout ordre de choses, un principe conservateur dont la puissance est extrême et seconde merveilleusement la prudence des hommes : et comme si, dans sa bonté infinie, elle eût voulu placer une compensation à côté de chacun des maux que sa suprême sagesse admet dans l'économie de l'univers, c'est presque toujours au sein de ces maux qu'on en trouve le plus sûr remède ; vérité qu'il faut se hâter de reconnaître , parce qu'elle est surtout fertile en consolations pour l'infortuné , qui, dans l'excès même

de son malheur, doit ainsi puiser l'espoir de meilleurs jours.

Il en est de même en politique : lorsqu'en effet,
les choses en sont venues à ce point, que l'audace
des factions menace ouvertement la sûreté de l'État,
alors une crainte salutaire s'empare du cœur de
tous les honnêtes gens, sur le maintien du gouvernement légitime : quelle que soit d'ailleurs la
divergence de leurs vues, leur bon sens naturel
leur fait sentir avec force, que le triomphe d'une
faction est toujours le signal des malheurs publics.
Dans cette disposition d'esprit, ils abjurent, pour
le moment du moins, tout sentiment d'opposition
exagérée, se rapprochent du Gouvernement, et lui
prêtent, par l'appui d'une opinion presque una-
nime, des forces nouvelles. Malheur à l'État si le
pouvoir ne sait pas profiter de cet utile secours,
si son énergie ne sait pas seconder la bonne volonté
des citoyens ! Mais si au contraire il ne manque ni
de courage ni d'habileté, alors tout lui devient
facile ; par une franche profession de principes, il
rassure les intérêts qui, à tort ou à raison, avaient
cru devoir s'inquiéter : par une politique, basée
sur le plus équitable des droits naturels (le droit
de défense et de conservation), le pouvoir, faisant,
du dévouement, l'un des premiers titres à sa confiance, s'entoure partout de ses amis et diminue
au contraire l'influence de ses ennemis, en les
écartant du maniement des affaires publiques : le
respect aux institutions légitimes est hautement

professé : les atteintes qu'on y porte sont inexora-
blement punies, en la personne des conspirateurs
et des libellistes : par là, tout rentre, en peu de
tems, dans l'ordre accoutumé : les doctrines em-
poisonnées cessent de se répandre ; les serviteurs
fidèles sont rassurés, encouragés parce qu'ils voient
qu'ils seront soutenus ; les malveillans s'alarment
parce qu'ils sentent qu'ils sont démasqués, et les
factions, épouvantées, reculent devant l'auguste
majesté d'un pouvoir, également juste et fort, qui,
pour triompher d'elles, n'a eu besoin que de développer la toute puissance naturelle que lui donne
la conscience de sa légitimité.

Ce n'est pas que, parfois, il ne se présente de
plus graves difficultés, et que le pouvoir n'ait besoin, pour les vaincre, d'une grande prudence,
non moins que d'une grande énergie ; car les factions, qui abusent avec tant d'audace du motif
sacré de l'intérêt général, parviennent quelque
fois à voiler si bien ainsi leurs desseins, que trop
souvent des cœurs honnêtes, séduits par cette trom-
peuse apparence, fanatisés par cette idée, s'en-
rôlent sous les drapeaux de la révolte et, funestes
amis du bien public, deviennent par excès de zèle
criminels envers la société. La position du pouvoir
est bien délicate dans ces tristes conjonctures ;
quelle douleur en effet pour lui d'avoir à déployer
l'appareil des vengeances sociales contre ces déplorables victimes de la séduction, dont le crime lui-
même a une cause honorable ! Et la commiséra-

tion publique n'accusera-t-elle pas la justice de rigueur et de cruauté, dans la punition de tels coupables ? Ne jettera-t-elle pas, même sur le pouvoir, qui a dû les poursuivre, dans l'intérêt de l'ordre et de la morale publique, une sorte de blâme et d'odieux ? Il faut alors que l'autorité déploie un grand caractère ; il faut que, ferme sans être acerbe, compatissante sans être faible, tout en partageant le deuil commun, elle cherche, par l'autorité de la raison, à faire rentrer dans ses justes bornes ce sentiment de pitié qui, poussé à l'excès, deviendrait fatal en encourageant les factions ; et, lorsque l'impassible justice a prononcé sur le sort des coupables, si le pouvoir reconnaît que, dans ces graves circonstances, l'application du droit de grâce serait funeste à l'État en empêchant un grand et terrible exemple devenu nécessaire pour intimider les factieux, il faut, il faut alors qu'il se voile en gémissant, et que dans une muette douleur il laisse accomplir l'action des lois.

Conclusion du Livre premier.

Nous pensons qu'on peut, sans crainte d'errer, admettre comme vérités générales les principes établis dans les sept chapitres précédens ; mais au surplus nous déclarons ici prendre ces principes pour bases de tous nos raisonnemens dans les chapitres qui vont suivre.

LIVRE SECOND.

APPLICATION DES PRINCIPES

CONTENUS DANS LE LIVRE PREMIER.

CHAPITRE Ier.

Sur l'état actuel du Gouvernement en France.

Si jamais il fut un gouvernement légitime, c'est sans doute celui qu'ont sanctionné quatorze siècles d'existence et de gloire : c'est celui de la France.

Née des besoins et des mœurs de ses premiers habitans, sa monarchie a traversé les tems avec un majestueux cortége de toutes sortes d'illustrations, et en s'enrichissant successivement de toutes les conquêtes de la raison, des arts et du génie.

Des revers passagers ont bien pu faire fléchir, un instant, sa légitimité ; mais, indestructible comme son principe, bientôt elle s'est relevée triomphante, et rendue plus puissante encore par un renouvellement d'alliance avec la liberté.

Une charte, monument durable d'une sagesse immortelle, destiné à marquer, pour la postérité, l'une des grandes époques de notre histoire, une charte nous a été donnée, où, par une noble concession du pouvoir souverain aux intérêts populaires, à côté des droits imprescriptibles du Monarque, sont établis et reconnus ceux des sujets ; où d'imposantes garanties sont stipulées en faveur de ceux-ci ; où, enfin, est consacrée, au profit du peuple, cette belle combinaison de la sagesse moderne, cette sorte de trinité politique dans laquelle se résout le droit de souveraineté, et qui forme la base essentielle du Gouvernement représentatif.

C'est ainsi que, par l'œuvre de la plus haute prudence, et en respectant les principes anciens sans dédaigner les idées nouvelles, la légitimité a su doter le siècle d'un gouvernement mis en harmonie avec ses besoins, sans toutefois porter atteinte à la loi de son origine, sans rompre la chaîne glorieuse qui rattache la monarchie de Louis XVIII à la monarchie de Louis XIV, de Charlemagne et de Pharamond.

Car on se tromperait si l'on considérait le système représentatif comme totalement innové parmi nous : il serait facile, au contraire, à l'aide de quelques recherches, et par une analyse exacte de nos plus anciennes constitutions, d'y trouver, sinon l'ensemble, au moins la première idée de ce système, depuis perfectionné par la double puissance du tems et de la raison : et pour nous borner sur ce point à un seul rapprochement, qu'était-ce, en effet, que ces antiques assemblées des Champs-de-Mars ou de Mai ; que ces états-généraux, convoqués dans toutes les graves circonstances ; et même que

ces parlemens, ayant droit permanent de remon-
trance et presque de sanction des lois, si ce n'é-
taient les organes naturels que la sollicitude de nos
premiers législateurs avait donnés à la nation pour
faire connaître au Prince ses désirs et ses besoins ;
organes qu'elle devait à ses Rois eux-mêmes, puisqu'ils étaient alors ses seuls, ses suprêmes législateurs, et que, par une pareille inspiration de
sagesse et de libéralité, son Monarque actuel lui a
rendus plus développés et plus efficaces encore,
dans l'institution de la double assemblée des pairs
et des députés?

Nous ne disons ceci que pour rectifier de fausses
idées sur nos anciennes institutions ; pour faire voir
que la liberté ne date pas seulement en France du
renversement de notre précédent système de gouvernement, ainsi que le paraissent croire certains
esprits imbus de préjugés qui, pour être modernes,
n'en sont pas moins absurdes ; pour rappeler que
toujours la France a trouvé dans ses Rois, ou au
moins dans le plus grand nombre d'entre eux, d'au-
gustes protecteurs de ses droits ; et pour faire sentir,
enfin, que le juste respect dû à l'ordre actuel de
choses ne doit pas être le dédain ou l'aversion pour
celui qui l'a précédé.

Est-il nécessaire d'énumérer longuement ici tous
les avantages de ce nouveau régime, si habilement
lié à l'ancien? La dignité du citoyen proclamée par
le principe de l'égalité devant la loi : la franchise
de la presse et des opinions : celle des consciences

et des cultes : le libre vote de l'impôt : enfin, une part importante dans la confection des lois et dans la surveillance de l'administration publique : voilà les immenses bienfaits que nous tenons de la sagesse, comme de la bonté, de notre royal Régénérateur Quel peuple, le plus jaloux de ses droits, pourrait donc, sans démence, porter plus loin ses désirs ? Et quand on réfléchit que tous ces élémens de liberté sont protégés chez nous par le principe de la légitimité, dont la force conservatrice nous en garantit la tranquille jouissance, à l'ombre d'un trône auguste, sur lequel on a vu s'asseoir depuis plusieurs siècles, tantôt les plus éclatantes, et tantôt les plus aimables vertus ; quand on considère que la faveur du sort nous a dotés d'une famille de Princes, si dignes de tout notre amour, et que la Providence elle-même semble avoir pris soin de perpétuer par le plus étonnant miracle, peut-on se refuser à voir dans la France, une terre favorisée du ciel, un pays de prédilection, auquel, après tant de gloire et de bonheur déjà passés, sont encore promis, dans l'avenir, une gloire et une félicité nouvelles !

Comment donc concevoir qu'un pareil gouvernement puisse avoir des ennemis intérieurs ? et s'il en a, quel est donc le malfaisant génie qui les anime ? Il sera facile de répondre quand on aura jeté un coup-d'œil en arrière, et quand on aura examiné, avec nous, quelques-uns des faits principaux qui ont précédé l'établissement du régime actuel : on en verra sortir le germe de fatales oppositions entre les intérêts et de tristes divisions entre les esprits, germes trop bien fécondés, pour notre malheur, par les passions funestes qui produisent d'ordinaire les partis et les factions ; cet examen fera l'objet des chapitres suivans.

CHAPITRE II.

Causes spéciales des partis et des factions qui existent actuellement en France.

Lorsqu'après avoir brillé un instant, de tout l'éclat de la vertu, sur un trône qu'il devait bientôt après arroser de son sang, le juste couronné, le moderne saint Louis, eut disparu dans la tourmente révolutionnaire, victime à la fois des novateurs et des ambitieux : alors le double crime de sa déchéance et de sa mort, ayant frappé au cœur la légitimité, et notre état politique perdant en elle son point d'appui, on le vit chanceler et s'abîmer de son propre poids; on vit, par un contre-coup inévitable, s'écrouler en même tems l'antique édifice de nos lois, et l'administration de l'État fut livrée à la plus déplorable confusion.

Pour tenir lieu de ces vénérables enseignemens du tems et de la sagesse de nos pères, de ces principes qui, puisés, pour la plupart, dans la nature même des choses ou déduits du caractère propre

de la nation, formaient naguères notre droit public, et qui, dégagés de quelques abus ou enrichis
de quelques préceptes nouveaux, eussent complètement suffi aux besoins du siècle; on vit, dirai-je
d'insensés ou de coupables législateurs, violant
toutes les notions de la prudence et de la politique, prétendre à fonder un droit nouveau, de tout
point opposé à son précédent, et formant un con-
tre-sens continuel avec les idées, les mœurs et les
habitudes de la nation, non moins qu'avec les
saintes règles de la morale universelle.

A cette antique monarchie, autour de laquelle
venaient se grouper tous les souvenirs de gloire
et d'honneur français : dont l'amour s'était successivement, et d'âge en âge, légué à tous les cœurs :
dont l'idée, imprimée dès l'enfance à tous les esprits, et devenue pour eux comme une seconde
nature, s'était profondément empreinte dans toutes
les institutions, on vit ces inhabiles autant qu'infidèles dépositaires du pouvoir législatif, substituer
brusquement et sans préparation celte théorie républicaine si souvent fatale au repos des peuples,
lors même qu'elle y est soutenue par sa légitimité;
toujours absurde lorsqu'on veut l'appliquer à de
grands États mûris par une longue civilisation ;
et de laquelle d'ailleurs l'existence n'est possible
qu'à la condition de stoïques vertus, dont ils étaient
si loin de donner l'exemple : vertus dont au surplus,
d'après les idées de notre âge, le caractère paraît
étrange, les proportions gigantesques, et dont quel-

ques-unes, considérées même en rapport avec les tems anciens, pourraient bien n'être, au fond, qu'autant d'outrages à la raison, à la nature et à l'humanité (1).

A ce principe, si simple, si perceptible, si essentiellement conservateur de l'ordre public, la légitimité, ils substituèrent le dogme abstrait, obscur, incompréhensible, de la souveraineté du peuple : doctrine surtout pernicieuse par cela qu'elle est inapplicable, et que, mettant la source du pouvoir dans une volonté non-seulement aveugle, non-seulement mobile et capricieuse de sa nature, mais encore impossible à reconnaître et à préciser, elle énerve toute sa force, et en fait ainsi la proie des factions, à mesure qu'elles deviennent assez puissantes pour se renverser mutuellement, au nom de cette même volonté du peuple, dont elles ne manquent jamais de faire le prétexte de leurs ambitieux desseins, et trop souvent aussi des plus révoltantes horreurs.

Au pouvoir sacré de la religion, à ses divines

---

(1) Le premier Brutus condamnant ses fils à mort : le second, assassinant César, son père : Virginius poignardant sa fille, sont cités comme les héros de la vertu républicaine : pour nous, une pareille vertu nous a, nous l'avouerons, toujours causé, au lieu d'admiration, un sentiment pénible, une sorte d'horreur involontaire : nous n'avons pu nous défendre de voir dans ces actions si vantées, moins l'amour du bien public, qu'un amour-propre désordonné, qu'un cruel désir de renommée combiné avec une rare insensibilité de cœur ; pour l'honneur de l'humanité, nous désirons nous tromper, mais nous connaissons beaucoup d'honnêtes gens et de très-bons citoyens qui partagent sur ce point notre manière de voir.

espérances, à ses célestes consolations, les mêmes hommes s'efforcèrent de suppléer par je ne sais quelle étroite et fausse idéologie, qui, repoussant les sublimes révélations de la foi, et brisant sans pitié la chaîne qu'elles ont établie entre Dieu et l'homme, anéantit l'espoir du chrétien, désenchante son avenir, et ne répond aux plaintes douloureuses du juste malheureux, qu'en lui montrant la fatalité dans cette vie, et le néant au-delà.

Enfin, pour achever une si déplorable histoire des aberrations de l'esprit humain, la morale même, et ses principes les plus positifs, ne furent pas à l'abri des attaques de ces scandaleux réformateurs : la sainte loi de la pudeur fut audacieusement violée, et l'on vit une assemblée de législateurs, prostituant sa puissance aux plus honteuses inspirations, offrir au vice des encouragemens publics, et créer une prime pour la débauche ! ! (1)

Dirons nous, ici, quels furent les tristes fruits de tant de semences de perversion? l'histoire nous dégage de ce soin : elle a écrit, en lettres de sang, les malheurs qu'elles ont enfantés pour la France, et ces malheurs inouïs ont été, pour le monde, un nouvel et terrible avertissement des dangers auxquels les peuples s'exposent, en souffrant qu'on porte impunément atteinte, chez eux, au principe de la légitimité.

---

(1) La loi sur les *filles-mères* suffirait seule pour déshonorer la Convention, si d'ailleurs elle ne méritait, à tant d'autres titres, toute l'exécration des gens de bien et le mépris de la postérité.

Sans doute la nation ne fut point complice des hommes qui lui avaient apporté ces funestes doctrines ; sans doute elle n'a pas tardé à désavouer avec énergie le mandat dont ils avaient osé se prévaloir, et à protester hautement contre leurs œuvres funestes ; mais il était dans la nature des choses qu'elles étendissent, loin dans l'avenir, leur malfaisante influence : le mal jette en peu d'instans de profondes racines parmi les hommes, et on le voit souvent pousser bien au-delà de sa tige de tristes rejetons ! C'est, en effet, à ces événemens déjà éloignés de nous que nous devons cependant presque tous nos maux actuels ; c'est en eux qu'est la véritable et première origine des partis qui existent chez nous en ce moment, et dont nous allons essayer de donner ici l'idée, par une esquisse rapide.

CHAPITRE III.

Caractères divers des partis, en France.

§ 1er.

Du parti républicain.

De toutes les causes de désordre que nous venons d'analyser, celle qui s'est le plus perpétuée, parce qu'elle se combine plus facilement avec ce secret sentiment d'amour-propre exagéré, naturel à un

trop grand nombre, ce sont les fausses notions sur
la liberté, sur l'exercice du pouvoir souverain, enfin, ces idées de démocratie dominante, de gouvernement républicain, que les gens sages relèguent
parmi les théories, bonnes tout au plus pour la spéculation, et dont la pratique est, à leur sens, si peu
compatible avec l'état présent de nos mœurs, comme
avec notre caractère national.

A cet égard, il est difficile de concevoir comment le malheureux essai qui fut tenté, parmi nous,
de ce système, n'a pas suffi pour guérir complètement les cerveaux malades, et pour leur faire sentir
qu'un retour vers ce régime serait l'acte politique
le plus extravagant de tous ceux, pourtant si nombreux, qu'ont mis au jour nos trente années de
révolution.

Toutefois, cette sorte de folie démocratique n'agit
pas sur tous avec la même intensité :

Les uns, vrais chevaliers errans de la république,
ne souffrent pas qu'on lui conteste un seul de ses attributs, qu'on attaque le moins du monde ses populaires appas; ils la veulent avec tout le cortége de ses
principes et de ses conséquences; Grecs et Romains,
en France, ils n'y sauraient vivre heureux que sous
les lois de Solon ou de Publicola, et je ne sais même
pas si, dans la ferveur de leur culte pour les anti-
quités démocratiques, ils croiraient pouvoir nous
faire grâce de celles des lois de Lycurgue qui avaient,
comme on sait, créé pour la jeunesse lacédémo-
nienne des deux sexes un si singulier mode d'édu-

cation (1). Peut-être on trouvera que ces vision-
naires sont trop ridicules pour être bien dangereux,
et qu'ils sont , au fond, plus à plaindre qu'à blâmer.

Il en est d'autres qui, moins absolus, feraient
volontiers au siècle quelques concessions; ceux-là
se contenteraient d'une république, à la moderne,
et nous passeraient de n'être que Suisses ou Amé-
ricains.

D'autres encore , subiraient à la rigueur , la
royauté, pourvu qu'elle n'absorbât pas leur grand
principe de la souveraineté du peuple, et à la condition, que le roi de cette étrange monarchie serait
une sorte de visir, que le peuple despote pourrait
destituer ou remplacer, suivant ses caprices.

C'est dans cette opinion, légèrement modifiée,
qu'il faut chercher les zélateurs et les apologistes
de la constitution de 1791 : parlons ici, sans détour
comme sans crainte, et hâtons-nous de renverser,
de briser une idole, à laquelle peut-être se prépa-
rent, dans l'ombre, de nouveaux sacrifices de sang
humain : la constitution de 1791 , premier fruit
du délire révolutionnaire, nous semble l'acte de
haute législation le plus inconséquent et le plus
dangereux qu'on pût imaginer; nous n'entendons
pas cela de quelques principes sur les libertés publiques qui s'y trouvent indiqués, et qui, justes et

---

(1) Tout le monde connaît la disposition des lois de Sparte qui formaient les jeunes gens au larcin, et les jeunes filles à la gymnastique la
moins décente.

raisonnables en eux-mêmes, ont à ce titre été depuis consacrés par notre glorieuse Charte Royale : nous l'entendons spécialement de la forme même de gouvernement établie par cette éphémère constitution ; et nous disons qu'en instituant, seulement deux pouvoirs concurrens , sans intermédiaire, sans pondérateur, savoir : *le Roi*, d'une part, et de l'autre, *l'Assemblée* dite *nationale*, c'était faire naître , de nécessité et par l'invincible force des choses , entre ces deux pouvoirs rivaux, un état de guerre permanent qui ne pouvait finir que par la chute de l'un ou de l'autre; qu'en un mot, c'était créer alors, pour détruire un peu plus tard. Et qu'on ne dise pas que c'est ici une gratuite supposition : par grand malheur, les faits anciens sont là pour prouver la justesse de notre sentiment : la fatale catastrophe , qui a été comme la conclusion de cette œuvre monstrueuse, et qui a fini par un crime le rêve de la démence, parle bien haut en faveur de notre opinion; et si d'ailleurs nous avions besoin d'autres preuves, nous les trouverions dans des faits actuels bien déplorables aussi.

Tournons nos regards vers la malheureuse Espagne : voyons-la déchirée par ses propres enfans , en proie aux horreurs de la guerre civile, prête à perdre, pour long-tems peut-être, toutes ses libertés convoitées par l'anarchie : voyons se former sur la tête d'un monarque infortuné, d'une jeune reine digne du plus tendre intérêt, ce nuage sombre et menaçant qui porte dans ses flancs le régicide et tous les forfaits dont est suivi, d'ordinaire, ce forfait épouvantable ; frémissons de ce spectacle, mais reconnaissons ici l'empire des faux principes et la conséquence inévitable de ceux qui ont produit chez nous des résultats pareils : déplorons cette contagieuse et funeste folie, qui, après avoir modelé sur notre absurde Constitution de 1791, la Constitution des Cortès, fait, en ce moment, des révolutionnaires espagnols, la servile copie des révolutionnaires français : plaignons ce malheureux peuple de n'avoir pas, dès l'abord, repoussé cette fatale importation d'une doctrine empoisonnée, et faisons des vœux ardens pour qu'une nation généreuse, à laquelle nous attachent tant de liens d'estime, d'affection et d'intérêt, soit arrêtée sur le bord de l'abîme : et pour que, repoussant de perfides conseillers, elle soit promptement ramenée par les inspirations de la sagesse, vers ces institutions avouées de la saine politique, qui assurent la liberté des peuples sans compromettre leur bonheur, telles enfin que celles dont nous a dotés la haute prudence de notre Roi législateur et dans lesquelles la France se repose si glorieusement de ses longues agitations !

Pour l'honneur du bon sens de notre nation, nous voulons croire que le nombre n'est pas grand de ceux qui embrassent maintenant, chez nous, de bonne foi, des opinions de la nature de celles que nous venons de signaler ; mais ces opinions n'en sont pas moins coupables au premier chef envers l'ordre social, soit parce qu'elles portent une atteinte directe à la légitimité, soit parce que les malveillans qui les professent, sans y croire, s'en font un appât pour égarer le peuple, ou, pour mieux dire, la portion aveugle du peuple, que flatte et séduit toujours cette idée de sa souveraineté, si contraire pourtant à son véritable intérêt.

Tels sont les élémens divers dont se forme le parti démocratique et les nuances différentes qui le caractérisent : parti qui se recrute de tous les souvenirs, comme de tous les regrets restés dans le cœur des individus qui, produits sur la scène politique par cette opinion, avaient su tirer avantage de leur rôle, pendant le cours de la mémorable représentation républicaine que donnèrent chez nous, aux dépens du peuple, quelques-uns de ses ambitieux tribuns.

§ 2.

Du parti libéral ou constitutionnel (1).

Il est une autre opinion que nous ne rangerons pas dans la même classe que les précédentes, parce que, beaucoup moins fausse et moins absurde, elle

---

(1) Il est fâcheux que la grammaire des partis soit si rarement celle de la raison, et que les dénominations qu'ils consacrent soient presque toujours des abus de mots : par exemple, ceux de *libéral* et de *constitutionnel* ne comportent, pris dans leur sens naturel, que des idées très-raisonnables et très-légitimes : pourquoi donc faut-il qu'une opinion, qui, il faut bien le dire, n'a pas toujours pour elle la raison et les principes, se soit emparée de ces deux mots et en ait fait comme l'étendard d'un parti ? A peine de n'être pas entendu, nous sommes obligés de les prendre ici dans la même acception.

est propre à un assez grand nombre d'hommes raisonnables et bons citoyens d'ailleurs; qu'elle n'attaque pas, dans sa base, la légitimité, et qu'elle n'a guère d'autre tort que d'accorder peu ses conséquences avec ses principes.

Celle-ci accepte la monarchie avec son double dogme nécessaire, l'hérédité du pouvoir et l'inviolabilité du Prince; mais en même tems, dominée presque involontairement par ces idées exagérées d'indépendance et de liberté, qui sont la maladie du siècle, et subissent à son insu le joug des préjugés de la révolution, tout en voulant de bonne foi la royauté, elle renferme le pouvoir royal dans un cercle d'attributions si étroit, s'arme contre lui de tant de défiances et de précautions, l'environne de tant de contraintes et d'entraves, que, d'une autorité vénérable et protectrice, elle ne ferait bientôt plus qu'un pouvoir sans force comme sans dignité, également impuissant pour faire le bien comme pour prévenir le mal, enfin qu'une sorte de rouage presque inutile dans la machine politique : ce n'est pas là, nous voulons le croire, ce que prétend cette opinion, mais à coup sûr c'est à cela qu'elle tend par sa nature, et elle a, sous ce rapport, un danger réel : qui nous répond, en effet, qu'elle n'a pas, comme toute autre, ses Tartuffes et ses hypocrites prôneurs, et que, si son triomphe finissait par amener les choses à ce point, ils n'en tireraient pas un argument perfide contre la monarchie et la légitimité? car à quoi bon, diraient-ils alors, conserver dans l'ordre politique un pouvoir qui n'a pas son utilité ?

Et d'ailleurs, est-ce ainsi qu'on doit entendre le gouvernement représentatif? Son principe est - il donc l'avilissement du Monarque? et ne conçoit-on la liberté que comme un état de guerre et d'hostilité avec le souverain? Non, ce n'est point là la monarchie selon la Charte; ce n'est pas dans ce pouvoir inerte et passif, qu'on peut reconnaître la royauté, telle que l'ont faite et nos glorieux souvenirs des tems anciens et la haute sagesse de notre législateur moderne; cette souveraineté, à laquelle est acquise, avec la plus grande part du pouvoir législatif, la suprême puissance d'exécution ; et puisqu'on rend, dit-on, un si sincère hommage à la Charte , puisqu'on se vante si hautement de son respect, de son amour pour elle, qu'on veuille donc ce qu'elle veut, qu'on ne dénature pas son caractère, sous prétexte de l'exécuter mieux et qu'on ne l'étouffe pas en l'embrassant!

C'est de cette nuance d'opinion, assez tranchante sur l'opinion républicaine, mais qui pourtant retient encore quelque chose de sa couleur, que se forme le parti libéral, qui se dit aussi constitutionnel par excellence, et qui, en dépit de ses bonnes intentions, n'entend guère mieux, suivant nous, la liberté que la Constitution. Ce parti ne manque pas par les auxiliaires, car il rallie naturellement à lui toute la masse des amours-propres trop susceptibles : des petites comme des grandes vanités rivales : des caractères frondeurs ou chagrins : des exaltations juvéniles de ces publicistes adolescens, qui, à peine échappés des bancs de l'école, font de la politique avec de l'imagination, qui, pour la plupart sans doute, ne manquent ni d'esprit ni de patriotisme, mais dont le jugement n'a point été encore mûri par les leçons du tems : enfin des secrètes ambitions, qui briguent pour s'élever la faveur populaire, espérant se faire acheter par le pouvoir d'autant plus chèrement, qu'ils pourront lui paraître plus redoutables par leur influence parlementaire.

Bien que ce parti n'ait pas, par son principe, du moins à l'égard de ceux qui l'embrassent de bonne foi, d'affinité directe et de point de connexion avec le parti républicain, il en tire pourtant une certaine force, factice il est vrai, mais qui peut cependant augmenter encore, au moins en apparence, le nombre de ses prosélytes : en effet, il arrive fréquemment que le parti républicain, honteux sans doute de se montrer à nu, et attendant pour cela que le droit du plus fort ait légitimé son absurdité, cherche à se couvrir du voile du libéralisme, et fasse avec lui cause commune; mais cette alliance ne saurait durer plus long-tems que le triomphe du parti libéral, et si une fois son système prévalait, bientôt son étrange allié deviendrait son mortel ennemi.

Au surplus, cette alliance est, au fond, plus nuisible qu'utile au parti libéral, car elle inspire à beaucoup d'honnêtes citoyens une défiance involontaire contre la sincérité de ses opinions publiquement professées, en leur laissant craindre que tel libéral, qui d'ailleurs est réellement de bonne foi, ne soit rien moins que cela, et ne cache sous ce masque un démocrate honteux, un républicain déguisé.

§ 3.

Du parti impérial.

Il nous reste à parler d'un troisième parti, moins nombreux, mais peut-être plus à craindre que le précédent, parce qu'il possède de plus des élémens de force et d'oppression qu'il tient du malheur des événemens qui ont suivi la chute de la république, et précédé la restauration de la monarchie : pour bien caractériser ce dernier parti, nous sommes obligé de revenir sur l'ensemble des événemens dont il s'agit, et de nous arrêter à quelques considérations principales tirées de ces événemens.

Huit ans de sanglante anarchie avaient cruellement désabusé la malheureuse France de toutes ces promesses déceptrices qui lui furent faites, au nom de la liberté et de l'égalité, ou par de déplorables fous qui se faisaient eux-mêmes illusion sur leurs chimères, ou par de vils intrigans qui ne voulaient que spéculer sur ses ruines.

Décimée au nom de la philantrophie, enchaînée au nom de l'indépendance, ruinée au nom de l'économie, la nation commençait, lasse d'un joug odieux, à regretter amèrement ses anciennes prospérités et tous les biens dont elle avait joui si long-tems sans trouble, à l'ombre d'un trône protecteur et sous la sauvegarde de la légitimité.

Ce secret mécontentement, gagnant peu à peu toutes les classes, que blessait presque également le régime révolutionnaire, et se combinant avec le penchant naturel des esprits vers l'ancien mode de gouvernement, menaçait incessamment le nouvel ordre de choses et préparait un retour prochain vers les idées monarchiques.

C'est alors qu'apparut, sur la scène du monde, cet homme qui devait un jour l'effrayer de sa renommée : jeune encore, mais environné déjà d'une gloire militaire qui, pour être précoce n'en était que plus éclatante, et paraissant promis par son propre mérite à de hautes destinées, la France alors, dans son infortune, tourna vers lui des yeux d'espérance et d'amour, loin de penser, hélas ! qu'elle lui devrait un jour, de nouveaux et de si effroyables malheurs !

Génie ardent, mais plus universel que profond ; embrassant d'un seul coup-d'œil presque toute la sphère des connaissances humaines, mais ne prenant guère les choses qu'à la surface, ou du moins, distrait par d'ambitieux désirs d'une spéculation plus suivie, et n'accordant son attention qu'à celles par lesquelles pouvait être servie cette ambition désordonnée ; conduit, par une ardente soif de re-

nommée, au goût des grandes choses, et lui devant
même quelques belles actions, mais, du reste, prêt
à tout sacrifier, même la justice, même l'humanité,
à l'intérêt de sa fortune et de son élévation; doué
surtout de cette indomptable force de volonté, qui
peut bien parfois accuser la bonté du cœur ou la
rectitude du jugement, mais qui du moins, ordinaire apanage des grands caractères, est aussi le
secret, comme le gage presque infaillible de tous les
succès; né fier et impérieux, mais sachant parfois
descendre à propos de cette hauteur d'esprit, et se
rallier, par une adroite flatterie, des hommes ou
des opinions dont il sentait le besoin; habile à tourner à son profit les passions et les faiblesses des autres; prétendant tout expliquer, tout conduire, par
l'intérêt personnel ou par la vanité: amené, par cette
idée, à douter qu'il y ait sur la terre une générosité
naturelle, une sincère indépendance de sentimens,
enfin une vertu véritable, et puisant dans cette
injurieuse erreur un secret mépris pour les hommes, de même qu'une hardiesse calculée à entre-
prendre les choses les plus injustes, quelle que fût
leur difficulté, persuadé que dans tous les cas
la corruption achèverait facilement l'œuvre imparfait de la force; portant surtout dans les batailles
cette froide indifférence, ce mépris de l'espèce humaine, et, par un cruel abus du courage admirable
de nos guerriers, voyant sans émotion couler pour
sa gloire des torrens de sang français; sensible seulement à la victoire ou à la défaite qui contentait

ou blessait son barbare amour-propre ; inspiré, dans sa politique, par un sentiment analogue et se faisant un jeu de la violation des traités les plus solennels ; n'ayant jamais d'alliés qu'il ne travaillât sourdement à en faire ses tributaires, et sacrifiant tout au désir insensé de régner sans partage ; enfin, possédant, avec quelques-unes des qualités qui font les grands hommes, toutes celles qui dans un souverain font le malheur des peuples, et paraissant destiné à donner au monde un nouvel exemple de ce que peuvent, pour sa désolation, les usurpateurs et les conquérans : tel fut, parmi nous, *Napoléon Bonaparte* : tel fut l'être extraordinaire que la France, trompée par ses désirs, accepta, dans ces tristes conjonctures, comme un sauveur suscité par le Ciel même pour l'arracher à ses tyrans, et peut-être la rendre à ses Princes légitimes (1) ; mais qu'elle eût dès-lors repoussé avec une secrète terreur, si, par quelque salutaire pres-

---

(1) Il est certain qu'un grand nombre de personnes conçurent au premier moment cette idée, et qu'elle influa beaucoup sur la facilité que Bonaparte trouva dès l'abord à se rendre maître de l'opinion. Les royalistes voyaient en lui le *Monck* de la France, et bien peu d'entre eux prévirent dès-lors qu'il aspirait secrètement à en devenir le *Cromwel.* Profondément habile en dissimulation, et sentant combien cette impression pouvait servir, pour les premiers momens du moins, ses ambitieux desseins, il n'eut garde de la détruire : il ne le fit, et bien cruellement, que lorsque, se croyant menacé par la faction jacobine, dont il redoutait la puissance, il jugea convenable à ses intérêts de lier sa cause à celle de la révolution : un crime fut le gage de cette alliance honteuse, et la politique barbare de Bonaparte crut devoir prouver à la faction, par l'assassinat de l'infortuné duc d'Enghien, combien il était, au fond, éloigné de penser à servir la cause des Bourbons, de

sentiment de l'avenir, elle eût pu entrevoir que cet homme, ne lui offrant qu'un secours intéressé, chercherait bientôt à prendre sur elle au profit de son ambition personnelle un si despotique ascendant et finirait par exercer sur ses destinées une si fatale influence.

Qu'on ne s'attende pas à trouver, ici, le narré des faits qui la signalèrent et qui se pressent dans notre histoire contemporaine ; tous, témoins de ces événemens mémorables, il n'est aucun d'entre nous qui n'ait appris, sinon à les juger, du moins à les connaître, et pour lequel ce récit ne soit dès-lors superflu ; d'ailleurs, quelles riches couleurs ne nous faudrait-il pas pour seulement ébaucher un pareil tableau ? quel pinceau vulgaire pourrait, sans témérité, prétendre à l'honneur de retracer dignement à la mémoire des hommes, des choses si dignes de leur étonnement et de leurs méditations ? de rassembler dans un même cadre des faits si multipliés, surtout si dissemblables, et toutefois liés entre eux par tant d'invisibles rapports ? de montrer notre France, à la fois, si glorieuse et si désolée ; reine au dehors, esclave dans ses propres foyers ; tantôt triomphante et tantôt abaissée ; tour

---

laquelle ce jeune Prince était l'un des plus illustres soutiens. Et voilà comme une ambition désordonnée nous aveugle presque toujours sur les moyens d'arriver à la gloire véritable : rien en effet n'eût égalé celle de Bonaparte, s'il eût su borner ses vues à l'honneur insigne de terrasser la révolution, et de restaurer, dans l'intérêt de la France, sa monarchie légitime.

à tour maîtresse de l'Europe et sa tributaire ; payant l'illustration par le malheur ; expiant par d'éclatans revers des succès éclatans, mais injustes ; conduite par la conquête à la crainte de l'asservissement ; enfin, miraculeusement ramenée, par l'usurpation même, à la légitimité, et retrouvant, sous l'empire des vrais principes de l'odre social, ses libertés perdues, son bonheur si long-tems compromis, par l'oubli de ces principes tutélaires ? Non, il n'est donné qu'à un génie supérieur de caractériser, comme elle doit l'être, cette époque de prodiges et de désastres, de faire voir dans cet enchaînement d'effets si divers une cause unique, et d'en tirer une de ces grandes leçons que le ciel daigne parfois donner à la terre, pour l'instruction des peuples et des rois !

Pour nous, humble investigateur de causes moins élevées, bornant notre tâche à rechercher ce qui, dans les faits que nous venons d'indiquer, peut être applicable à la matière que nous traitons en ce moment, nous nous contenterons de faire observer comment on y trouve naturellement tous les élémens essentiels du parti, dont il nous reste à faire connaître le caractère et la tendance.

Pour peu qu'on médite sur la nature et les effets du régime extraordinaire, nous pourrions dire monstrueux, créé par le funeste génie de Bonaparte, autant pour soutenir son usurpation (1) que

____

(1) Nous savons bien que certaines personnes se refusent à voir dans

pour servir ses ambitieux desseins de monarchié universelle, on est forcé de reconnaître que ce régime a dû jeter, en peu de tems, d'assez profondes racines, et que beaucoup de ses influences ont dû survivre à sa destruction : tant de désirs, tant d'espérances s'y étaient rattachés! tant d'intérêts acquis ont été blessés! tant de perspectives flatteuses ont été détruites par sa chute! Qu'on songe surtout avec quelle facilité avait dû se développer et s'accréditer chez un peuple naturellement guerrier, ardent, passionné pour la gloire, ce système de conquête et de guerre permanente, qui offrait au courage heureux tant de chances d'avancement et de fortune! Et, si l'on considère, de plus, qu'une politique astucieuse était parvenue à rattacher à ce système des idées, fausses sans doute, mais toujours séduisantes d'honneur et de patriotisme, alors on comprendra d'autant mieux combien l'ambition, guidée dans les uns, voilée dans

---

Bonaparte un usurpateur, et elles appuient ce sentiment sur ce que le trône était vacant lorsqu'il y est monté ; vacant, oui; mais il ne l'était que dans le sens matériel, et parce que la révolte en avait chassé de fait les possesseurs; mais les principes, mais la légitimité étaient là, pour conserver leurs droits. En politique, non plus qu'en législation civile, la violence ne peut légaliser la prescription, et d'ailleurs qu'était-ce qu'une prescription d'à peine deux lustres contre une possession de plusieurs siècles ? Nul doute donc que le trône ne fut toujours dû aux Bourbons, et que Bonaparte, en s'en emparant à leur exclusion, ne fut, dans toute la rigueur du terme, un usurpateur. Pour tirer de son avènement une conclusion contraire il faut renverser toutes les notions du droit public, et battre en ruine la légitimité.

les autres, par ces honorables prétextes, avait dû séduire, entraîner des cœurs, et combien, par un triste retour, l'anéantissement de tant d'espérances et de brillantes illusions, a dû laisser de regrets, de souvenirs amers et de secrets levains de mécontentement ! Et peut-être, s'il n'était vrai que le sentiment du bien public doit toujours l'emporter sur tout autre, peut-être serait-il permis de plaindre, d'excuser même dans leurs exagérations, ces hommes aigris par le malheur, ou séduits par une fausse idée de gloire nationale, plutôt que pervertis par de mauvaises doctrines.

Les considérations qui précèdent mènent facilement à comprendre quel est le caractère du *parti impérial ;* on voit que, sauf les adeptes que la raison seule d'amour-propre y attache, il se compose presque exclusivement d'intérêts positifs : car, pour les principes, il n'en revendique pour ainsi dire aucun. Qu'il désire ardemment de ressaisir les avantages réels qu'il a perdus ou la liberté de courir de nouveau après les chimères qu'il avait embrassées, c'est ce qui n'est pas douteux, car cela est dans la nature des choses : que, dans l'excès de ces désirs, il invoque comme meilleur moyen de les réaliser, la rupture de l'état actuel de paix générale, et même le rétablissement de ce qu'il nomme assez bizarement la *dynastie de Napoléon ,* c'est ce dont malheureusement l'on ne peut guère douter non plus, car les imprudens du parti le laissent parfois clairement entrevoir ; mais quel est le principe qu'il pourrait appeler au soutien de ces prétentions ? Ce n'est pas la légitimité , parce qu'il sent bien que , s'il en argumentait, elle conclurait contre lui : ce ne sera pas davantage le principe du gouvernement de fait, puisqu'il n'a pas ce fait en sa faveur; or, nous ne voyons rien au-delà que le parti puisse invoquer, comme principe, à l'appui de ses opinions.

Ce dénuement de doctrines dont il sent bien lui-même le désavantage, le force fréquemment à se retrancher dans une fiction, et à se couvrir du voile du libéralisme, ou même à s'affubler du bonnet de la démocratie : mais quels esprits , un peu exercés, pourraient se laisser prendre à cet appât? A qui fera-t-on croire, sans une étrange ingénuité, que tous ces hommes élevés à l'école du despotisme, qui ont été ses zélés serviteurs, qui ont versé leur sang pour lui, ou qui lui ont consacré leurs travaux: qui ont, pour son compte, gagné des batailles , gouverné des provinces, ou exercé de grands emplois dans l'administration publique : qui ne connaissaient que la parole du maître, et qui avaient accoutumé de lui sacrifier tout, jusqu'à leurs affections , jusqu'à leurs opinions personnelles, trop souvent même jusqu'à la justice et à l'humanité : qui, enfin, s'étaient courbés sous le joug de l'obéissance la plus aveugle: à qui, disons-nous, persuadera-t-on que ces mêmes hommes , changeant tout à coup de caractère, et domptant, pour ainsi dire, la nature, soient de-

venus en un moment de sincères apôtres de la
liberté? que ceux-là professent de bonne foi le
principe de l'égalité, qui furent si avides de dis-
tinctions, de titres et de grandeurs? qu'ils rendent
hommage à la souveraineté du peuple, eux à qui
le peuple ne parut jamais qu'un instrument de
leur ambition, ou tout au plus qu'un spectateur
de leur gloire, nécessaire à la satisfaction de leur
amour-propre? Une telle métamorphose est encore possible, à la rigueur, dans quelques-uns de
ceux qui n'avaient suivi les drapeaux de l'empire
que par un pur sentiment d'honneur national;
mais ceux-là ne furent pas en majorité parmi les
privilégiés de la faveur impériale, et l'on n'en saurait reconnaître beaucoup entre ceux qui mar-
quent aujourd'hui dans le parti par leur zèle libéral
ou démocratique. Hors cette rare exception, pé-
nétrez, s'il est possible, au fond de tous ces cœurs,
en apparence brûlans de patriotisme et pleins
d'une douleur vertueuse de ce qu'ils appellent la
chute de notre gloire et l'asservissement de la nation : vous ne trouverez en réalité, dans la plupart
d'entre eux, que des regrets amers sur leur propre infortune; qu'un dépit concentré de la perte
de leurs grandeurs passées; qu'une morgue en-
vieuse contre les élévations individuelles qui ont
succédé à leurs élévations; enfin, qu'un désir impa-
tient de voir renaître un régime qui puisse leur
rendre, même aux dépens du bien public, l'équi-
valent de tout ce qu'ils ont perdu par le renver-

sement de l'empire et la restauration de la monarchie.

Nous bornerons là ce que nous avions à dire sur ce sujet : nous craindrions, en nous étendant davantage sur la nullité des doctrines propres au parti impérial, d'arriver malgré nous à faire voir qu'il n'est mu que par des intérêts personnels qui sont autant d'élémens de révolte, et d'être obligé, conséquent à nos principes, de le faire considérer, non plus comme un parti, mais comme une faction véritable, injure que nous voulons nous dispeuser, autant que possible, de faire à beaucoup d'honnêtes gens qui, par erreur de jugement, ou par séduction d'amour - propre, ou par vaine illusion de gloire, ont été malheureusement conduits à épouser les opinions de ce parti.

Passons donc à l'examen du dernier de tous.

§ 4.

Du parti ultra-royaliste

Qu'on ne s'alarme pas d'un mot : qu'on ne nous juge pas sans nous entendre ; si nous parlons d'un parti ultra - royaliste, c'est uniquement pour en faire voir la chimère, pour dissiper l'aveuglement de ceux qui croient à l'existence de ce parti.

Nous savons bien que les autres font de cette idée leur principal pointd'appui, et donnent leurs principes comme le seul moyen d'éviter le danger dont nous menace ce parti, qu'ils semblent si fort redouter dans l'intérêt des libertés nationales, et auquel ils paraissent accorder tant d'empire sur l'esprit du gouvernement.

Mais pense-t-on que dans notre opinion per sonnelle nous soyons dupe de cette ruse? Non, nous croyons fermement que l'intervention d'un parti ultra-royaliste n'est qu'une création adroite, nous pourrions dire perfide, de la politique des autres partis qui, pour amener l'opinion publique de leur côté, ont besoin de la détourner, par la défiance et la crainte, de se ranger du côté opposé : nous ne croyons pas, nous ne pouvons pas croire qu'il existe en France des hommes monarchiques, qui veuillent attaquer de front les intentions du Monarque ; qui aspirent à faire mieux que lui; qui veuillent détruire ce qu'il a fait; qui, dans l'état présent de nos mœurs, veuillent tirer de la poussière des institutions usées par le tems, et qui, bonnes pour leur siècle, ne pourraient plus convenir au nôtre : c'est, suivant nous, faire injure aux vrais royalistes, qui sont aussi les vrais, les bons Français, que de leur attribuer de semblables idées, et le plus exagéré d'entre eux nous en paraît précisément le plus éloigné ; car la première vertu du royaliste, son premier devoir, est l'obéissance au Roi ; quand donc le Roi, qui pour lui ne peut faillir, a dit : telles lois, telles institutions conviennent à mon peuple, ou ne lui conviennent plus, le royaliste le plus ardent, le royaliste que vous appelez *ultra*, est le premier à rendre hommage à la volonté de son Roi, et à humilier sa raison devant la raison supérieure de son Souverain, toutes les fois qu'il a juste sujet de croire que telle est en effet la volonté royale, et qu'elle n'est point dénaturée par d'infidèles organes ou violentée par une audacieuse faction.

Mais pouvez-vous nier, nous dira-t-on, que des intérêts puissans, tels, par exemple, que ceux des seigneurs dépouillés de leurs priviléges, des émigrés dépouillés de leurs biens, et qui doivent naturellement désirer d'y rentrer, ne soient autant de motifs raisonnables pour supposer l'existence d'un parti qui nourrirait ce secret espoir, et chercherait à le réaliser en faisant prévaloir des principes exagérés de royalisme ?

Nous répondons que cela est possible à la rigueur, mais que, quant à nous, notre opinion est que cela n'est pas, et nous appuyons cette opinion sur des raisons qui nous paraissent sans réplique.

Nous disons d'abord, à l'égard des nobles, qu'il leur faudrait supposer trop peu de lumières et de prudence, pour qu'ils ne fussent pas convaincus de l'impossibilité d'obtenir du peuple des campagnes, dans l'état actuel de ses mœurs, les honneurs et priviléges qui constituaient les droits dits féodaux, ainsi que du danger qu'il y aurait pour eux-mêmes à tenter de rétablir ce régime, qui ne manquerait pas de les mettre en butte à la haine des paysans.

Nous disons, à l'égard des émigrés, que l'impossibilité de fait est encore plus grande de leur rendre des biens, dont l'origine a été dénaturée et purifiée, pour ainsi dire, par le bénéfice du tems et par des mutations successives ; et que cette impossibilité étant reconnue par tout le monde, elle ne peut être repoussée par eux ; qu'ils savent fort bien que, même un changement total de régime, et des lois géminées, seraient impuissans pour déposséder l'énorme quantité de détenteurs actuels de ces biens, sans parler des innombrables intérêts que blesserait une pareille mesure, en la personne des précédens détenteurs obligés à se garantir successivement : qu'ils ne peuvent pas supposer que jamais le gouvernement, même devînt-il absolu, voulût sacrifier à leur intérêt particulier jusqu'au point de compromettre aussi gravement, avec son autorité, son propre intérêt de conservation. Ainsi donc, en déplorant, comme le veulent la morale et l'humanité, toujours blessées par des idées de spoliation, le malheur des émigrés, nous disons que ce malheur est irréparable quant à la restitution de leurs biens nationalement vendus, parce que la raison d'état a sanctionné cette injustice comme tant d'autres, parce que le devoir de maintenir l'ordre et la paix publique dans le royaume interdisent au gouvernement de songer jamais à une pareille réaction (1).

____

(1) Cette opinion est pour nous une raison de plus, de désirer bien

Et nous avons la profonde conviction qu'aucun de ceux que blesse le plus cette impossibilité ne se refuse à son évidence ; que nul d'entre eux ne pense du reste, qu'en poussant à l'extrême et à l'absolu le gouvernement monarchique, il en arriverait plutôt à cette restitution ; d'où il suit que les émigrés n'ont, sous ce rapport, aucun intérêt, même dans leurs propres idées, à embrasser cette exagération de principes politiques.

Si pourtant, à la rigueur, on voulait la voir quelque part, ce ne pourrait être sans doute que chez quelques-uns de ceux dans lesquels une faiblesse de jugement, trop naturelle au grand âge, et qu'il faut par cela même respecter, entretiendrait cette chimère : qui, subjugués par la force des souvenirs, long-tems aussi travaillés par les peines de l'exil, et subissant encore aujourd'hui les suites cruelles de la persécution d'un autre tems, auraient, dans leur malheur, saisi cette espérance comme une consolation, et chercheraient, sur le soir de leur vie, à s'endormir dans ce rêve de l'avenir. Mais cette erreur, même si excusable de leur part, qui nous dit qu'elle soit, en effet, la

---

vivement la réalisation d'un vœu formé depuis long-tems par tous les amis de l'ordre et de la morale publique, celui d'une loi d'indemnité au profit des émigrés; si une telle mesure eût été ou pu être adoptée dès le moment de la restauration, l'on eût ainsi peut-être évité bien des maux, car on eût ôté à la malveillance des partis l'un de ses principaux alimens; en faisant cesser toute apparence de retour sur les ventes de bien nationaux.

leur ? qui nous autorise, violant le secret des pensées intimes, à chercher au fond des consciences ce que les actions ne nous ont pas voulu révéler ? (1) Est-ce à nous, amis de la justice et de la vérité, à juger sur des suppositions, à nous faire les échos de la malveillance qui a inventé, répété sur ce point, tant de contes absurdes ? Non, tant que des faits positifs et constans ne nous auront pas prouvé que certains nobles veulent ressaisir leurs priviléges féodaux, que certains émigrés veulent rentrer dans leurs biens, et surtout que, pour arriver à ce résultat, ils tentent l'absurde moyen d'un changement de régime dans le gouvernement actuel, nous devons repousser loin de nous cette imputation, comme une calomnie envers eux, comme une nouvelle insulte envers de généreuses victimes de la fidélité, qui ont doublé leurs titres à notre estime, en faisant, par amour de l'ordre, une

---

(1) Qu'on ne nous dise pas ici que nous n'avons pas usé de la même réserve vis-à-vis des autres partis : nous avons jugé chacun suivant ses œuvres, et lorsque nous avons indiqué le but auquel tendent le parti républicain ou le parti impérial, nous n'avons dit que ce qu'ils ont fait déjà, ou ce qu'eux-mêmes avouent qu'ils veulent faire encore : mais comme nous n'avons vis-à-vis des nobles et des émigrés aucun élement semblable : comme jamais il n'y a eu de leur part une tentative matérielle de reprendre leurs droits ou leurs biens : que même jamais les doctrines qu'on pourrait considérer comme celles de leur parti s'il était vrai qu'ils formassent un parti, n'ont tendu à un pareil résultat : que les publicistes qui ont écrit avec le plus de force contre les confiscations nationales et en ont démontré la révoltante injustice, se sont cependant accordés sur ce point qu'une restitution effective était impossible, nous n'avons pas dû nous permettre des suppositions qui, non seulement ne sont pas justifiées, mais encore sont désavouées par les faits.

magnanime abnégation de leur intérêt personnel et en renonçant, dans la vue du bien public, à des droits ou à des espérances trop peu compatibles avec notre tranquillité.

Mais si les élémens spéciaux du parti ultra-royaliste ne sont ni dans la noblesse ni dans l'émigration, ceux qui veulent absolument que ce parti existe ne le chercheront-ils pas du moins dans le sacerdoce ?

Que l'impiété, que la fausse philosophie se déchaînent contre la religion de nos pères, et que cette fureur insensée, dans son impuissance contre les choses, se tournant contre les hommes, poursuive de persécutions ou de calomnies les ministres du culte : c'est ce qui, tout en nous affligeant, ne peut nous surprendre, car nous avons subi depuis long-tems la déplorable habitude du spectacle de ces excès ; mais que l'on prétende se faire de cette détestable injustice un titre nouveau d'accusation contre les prêtres, et que, non content de les accabler des torts religieux, on les charge encore de torts politiques, c'est ce qui nous paraît par trop révoltant ; et nous demanderons si un prêtre n'a pas au moins droit à la même justice que tous les autres citoyens : si la loi, si la morale peuvent laisser usurper contre lui l'odieux privilége de l'accuser sans preuve ? Où sont celles en effet de l'intention qu'on impute à notre clergé actuel ? Dites-nous, vous qui l'accusez, quand et où vous avez entendu des prêtres français prêcher en France la

désobéissance au monarque et aux lois de la monarchie : apprenez-nous quel est le mandement,
la lettre ou l'instruction pastorale où vous avez
vu professer la doctrine du gouvernement absolu : rapportez-nous enfin quelque document,
non apocryphe, duquel il résulte qu'un prêtre a,
en tant que prêtre, avoué comme siens et comme
ceux de son ordre les principes qui constituent ce
que vous appelez l'ultra-royalisme ; ou bien con-
sentez donc à ce que nous vous proclamions hautement le calomniateur d'une classe de citoyens
qui, plus que toute autre, a droit à nos égards
et à nos hommages !

La conséquence naturelle de tout ce qui vient
d'être dit sur le parti ultra-royaliste, c'est que l'existence de ce parti est une véritable chimère, une
fable absurde, qu'il faut reléguer avec toutes les
exagérations, avec tous les mensonges des partis ;
qu'il n'y a pas plus de réalité dans tous ces
épouvantails, dont on fait les attributs nécessaires
de l'ultra-royalisme, dans toutes ces prédictions
ridicules du rétablissement des droits féodaux, de
l'annullation des ventes de domaines nationaux,
des envahissemens du privilége et de l'aristocratie,
enfin, dans toute cette fantasmagorie démagogique
ou libérale, par laquelle on a bien pu d'abord effrayer quelques imaginations faibles, mais qui désormais, trop bien dévoilée aux yeux de la raison,
ne peut plus que faire sourire de pitié les personnes d'un jugement sûr, qui ne se laissent pas abuser

par des déclamations insidieuses ou par d'adroites jongleries.

Ce n'est pas que, justement effrayés du danger des doctrines libérales ou démocratiques, parfois de très-bons citoyens, pour vouloir en préserver l'état, ne poussent aussi trop loin peut-être les conséquences de la monarchie représentative; mais ils n'en récusent pas pour cela le principe, et il serait, suivant nous, peu raisonnable de voir une opinion de parti dans la simple exagération d'un sentiment profond de zèle pour la légitimité ainsi que d'attachement sincère à nos institutions actuelles.

Que si maintenant l'on applique, ailleurs, cette idée d'ultra-royalisme; si la concevant, de l'expression vigoureuse ou de la défense énergique d'une opinion sage et modérée en elle-même, on entend par le parti des ultra-royalistes, la réunion de ces esprits fermes autant que justes, qui ne sauraient embrasser faiblement la bonne cause; de ces âmes fortes, passionnées pour le bien, ardentes contre le mal, et qu'un sentiment d'intérêt personnel ou de crainte peu virile n'a jamais entraîné à de lâches transactions avec les principes; de ces hommes, en un mot, tels que, par bonheur, le siècle nous en montre encore quelques-uns : qui, purs comme l'honneur, éprouvés comme la fidélité même, n'ont, quelque part que leur mérite les ait placés, au timon de l'état, dans les camps, ou sur les fleurs de lis, qu'une doctrine et qu'une conscience : qui, gardiens vigilans

et courageux des grands intérêts sociaux, combattent, foudroient, dans leurs discours comme
dans leurs écrits, les faux dogmes du philoso-
phisme ou les blasphêmes de l'impiété, et, qu'à
ce titre, les partis poursuivent de leur haîne ou
de leurs sarcasmes, lorsque l'impassible raison
leur décerne la couronne des sages et des profonds
penseurs (1) : de ces hommes enfin, qui n'ont point
appris à reculer devant le danger, dans la noble
guerre de l'ordre contre l'anarchie, et qu'à l'exem-

---

(1) Il nous eût été facile d'individualiser ce portrait, mais la crainte
de blesser quelques modesties trop scrupuleuses nous a retenu, et nous
regrettons sincèrement de perdre ainsi l'occasion de venger de généreux citoyens, d'illustres magistrats, des attaques scandaleuses auxquelles les exposent trop souvent leur constance et leur énergie dans
la défense de l'ordre social et de la légitimité. Il en est un surtout,
dont le nom se rattache avec tant de gloire au mémorable événement
de la première restauration, contre lequel un réquisitoire fameux a
réveillé tout récemment de vieilles inimitiés de parti, et auquel, dans
notre idée, s'applique si bien le portrait ci dessus tracé, que c'est dans
la connaissance intime de son propre caractère que nous en avons pris
tous les traits, qu'en un mot c'est lui-même qui nous a servi de modèle
dans cette exacte peinture des vertus de l'homme public ; ajouter qu'il
est en même tems l'exemple de toutes les vertus privées, c'est nous dispenser de le nommer, c'est remplir notre but, sans trahir ouvertement
l'intérêt de sa modestie. Du reste, l'estime générale le venge assez de
quelques outrages individuels, injustes d'ailleurs comme tont ce qui
tient à l'esprit de parti, et ceux-là mêmes qui l'attaquent le plus vio-
lemment, à cause de l'accomplissement rigoureux de ses devoirs de
magistrat, rendent ainsi le plus éclatant hommage à son caractère.
Pour nous, à qui sont depuis long-tems et personnellement connus
presque tous les honorables secrets d'une si belle vie, nous le déclarons hautement, rien ne nous paraît en surpasser la noblesse, et c'est
pour nous une indicible jouissance de pouvoir lui rendre ici le témoi-
gnage public d'une admiration si bien méritée.

ple des héroïques sénateurs de Rome, les factieux sont assurés de trouver sur leurs chaises curules , si jamais doit sonner pour nous l'heure fatale de nouveaux bouleversemens; si , disons-nous , c'est là ce qu'on entend par ultra-royaliste, quel digne citoyen ne s'honorera désormais de ce titre, qu'on prétend vainement rendre injurieux, et n'ambition-nera de le mériter? (1)

Mais l'aggrégation de ces hommes généreux n'est pas plus un parti que la masse des honnêtes gens qui, avec moins d'énergie ou de talent, mais avec un égal amour du bien, se rallient aux vrais prin-cipes et qui, groupés autour du trône, défendent, en le protégeant, les libertés et le bonheur de la nation.

Terminant ici le tableau des partis qui nous divisent, nous n'y ajouterons qu'une réflexion et nous demanderons, ce qu'au milieu de tant de pré-tentions ennemies et d'opinions contradictoires, deviendrait notre malheureuse patrie, si la sagesse nationale ne savait se fixer à un principe unique et protecteur, qui est pour elle comme une ancre de salut dans la tempête politique, en un mot au principe de la légitimité?

---

(1) Nous ne prétendons pas justifier ce qu'il y aurait d'intolérable dans la virulence d'expression à laquelle se laisseraient entraîner parfois quelques écrivains royalistes, maîtrisés par un sentiment trop violent d'opposition aux mauvaises doctrines ou aux hommes qui les professent : mais nous pensons que l'audace et parfois l'insolence excessive de quelques libelles, ou de certaines individualités, peuvent rendre excusable un excès d'indignation.

CHAPITRE IV.

État des factions, en France.

C'est ici le lieu, appliquant nos précédentes théories, de faire sentir que chacun des partis que nous avons signalés doit presque nécessairement avoir sa faction analogue; car il est malheureusement impossible de supposer qu'ils n'aient pas tous, quelqu'un de ces membres gangrenés, de ces organes impurs qu'afflige la lèpre des passions cupides, ou de ces fous dangereux, dont l'imagination ardente et déréglée, trouvant trop étroit pour elle le champ de la raison, va toujours s'égarant au-delà; de ces illuminés de la politique, qui sont en même tems les réprouvés de la sagesse, pour lesquels le possible n'a point de bornes, l'absolu point d'obstacles, et qui ont accoutumé de pousser tout, même l'amour du bien, jusqu'à l'extravagance et au délire.

Partant de ce point, l'on trouve tout naturellement que nous devons avoir, comme en effet nous avons, une faction républicaine, une libérale, et une impériale; et par les vues ci-devant expliquées de chacun des partis relatifs, on peut juger de la nature de ces factions et du but auquel elles tendent.

On sent dès l'abord que comme chacune d'elles

ne peut espérer le pouvoir qu'en l'arrachant à la légitimité, l'intérêt du moment est le même pour toutes, et que delà ont dû venir le besoin et l'idée d'une sorte de confédération entre elles ; ainsi elles ont dû dresser, par suite de cette alliance impie, un plan d'attaque uniforme : elles ont dû se choisir un conseil commun, propre à centraliser leurs forces et à diriger leur action avec plus d'efficacité : et s'accordant pour le moment une indulgence réciproque pour leurs opinions, ou plutôt fermant les yeux comme par une convention tacite sur leurs desseins ultérieurs, afin d'éviter tout sujet de rompre l'accord dont elles ont besoin, elles ont dû adopter simultanément, de leurs idées respectives, tout ce qu'elles ont cru propre à séduire et entraîner dans leurs rangs les hommes faibles et trompés des différens partis : ainsi, elles doivent caresser dans l'un sa chimère démocratique, et lui montrer, dans les nuages de l'espérance, l'auréole d'une république, ou pure et absolue, ou modifiée suivant ses idées : à l'autre, elles feront voir en perspective une monarchie reconstituée suivant tous les principes qui forment le beau idéal du libéralisme; enfin, ouvrant pour le partisan de l'empire, le livre trompeur de l'avenir, elles le flatteront d'une prochaine restauration du gouvernement militaire, lui offriront, ou la glorieuse image d'un nouveau brave élevé par ses soldats sur le bouclier, ou la touchante idée de l'enfant de l'exil rappelé au trône paternel, et lui feront reconnaître, avec joie, comme conséquence de ces événemens merveilleux, la nécessité d'une longue et terrible guerre, qui rouvrira le vaste champ de la gloire, des honneurs et des dotations.

Du reste, on pense bien que ces espérances ne doivent être données aux initiés que sous le sceau du secret, et comme une mystérieuse confidence : mais que pour agir au grand jour et entraîner les masses, on doit se couvrir avec soin d'un prétexte presque légal qui engage au lieu d'effrayer, et qui au surplus, dans le cas de non succès d'une tentative, puisse justifier, ou du moins excuser et soustraire à l'action des lois répressives de la révolte, les serviteurs dévoués que la ligue des factions aura mis en avant.

Ainsi, loin d'avouer hautement leurs vues réelles, elles s'efforceront de persuader qu'elles n'ont d'autre dessein et d'autre désir que l'affermissement du régime existant : elles diront, elles répéteront que la monarchie, que la Charte et même la légitimité n'ont pas d'amis plus ardens et plus sincères : que leur but unique est de les défendre contre les ennemis secrets ou avoués des principes constitutionnels, contre les envahissemens du pouvoir ministériel, contre les attaques du privilége et de l'obscurantisme : afin de se donner une apparence de zèle et un prétexte d'action, elles simuleront des dangers, invoqueront quelque vain péril pour nos institutions : supposeront dans un parti, dans les ministres, ou plus haut encore, le secret dessein d'attaquer la Charte, pour se donner le droit de la défendre; arrivées là, elles seront bientôt amenées à dire qu'elle a été violée, pour s'autoriser dans le projet supposé de la venger, dans l'essai trompeur de la rétablir à main armée : du reste, elles protesteront audacieusement, même en déployant le drapeau de l'insurrection, même aux cris de vive la république ou Napoléon II, qu'elles n'en veulent ni à la personne ni à l'autorité du Roi : qu'au contraire elles ont pour but de le délivrer d'un joug oppresseur : qu'elles ne veulent que les principes : et que, pleines de patriotisme et de longanimité, elles déposeront les armes aussitôt qu'on leur aura donné des garanties certaines d'une administration plus constitutionnelle.

Mais que le succès arrive, que la légitimité succombe, et que le pouvoir devienne la proie des factions, c'est alors que l'on verra combien peu cette alliance entre elles était sincère de part et d'autre : c'est alors que chacune d'elles, aspirant à la domination exclusive, et voulant s'emparer seule de la riche proie qu'elle avait si long-tems convoitée, on les verra se combattre, se déchirer entre elles, renouveler les scènes de terreur et de carnage dont trop long-tems déjà nous fûmes les témoins aussi bien que les victimes, et se disputant jusqu'aux dernières dépouilles de la patrie, faire expirer enfin, dans une longue et douloureuse agonie, sa puissance et ses libertés.

Que si, repoussant opiniâtrément toutes ces idées, on nous accuse de tracer d'imagination, et avec partialité, un tableau peu fidèle, il nous sera facile de le justifier par des faits que la bonne foi ne pourra récuser, car la justice leur a imprimé le sceau de son authenticité : nous déroulerons aux yeux de nos incrédules lecteurs, quelques-unes des pièces de ces nombreuses procédures qui ont tout récemment encore affligé les amis de la patrie, en faisant retentir les tribunaux de si déplorables débats : nous leur rappellerons tous ces complots, heureusement déjoués, mais non moins réels, de Paris, de Lyon, de la Rochelle, de Toulon, de Saumur, de Béfort, de Bayonne, de Colmar ; tous identiques dans leur nature, tous formés sur le même plan, conduits par les mêmes moyens, et dont la ressemblance ainsi que la simultanéité accusent une source commune, une direction unique, que l'adresse peut bien cacher aux yeux, mais que les dénégations les plus hardies ne peuvent dérober à la raison et à la conviction de l'esprit. Nous leur montrerons surtout ces malheureux qui, saisis en flagrante rebellion contre le Roi et contre la Charte, s'excusent tous, de concert, sur l'intention de porter secours à la Charte et au Roi ; ces tartuffes de la liberté, appellant inspiration de libéralisme, excès de zèle pour nos institutions constitutionnelles, une révolte ouverte et à main armée contre le premier pouvoir qu'elles consacrent ; appelant d'une pré-

tendue violation de la Charte à la plus monstrueuse de toutes les violations qu'elle puisse su-
bir ; s'emparant des caisses publiques, usurpant
les emplois , assiégeant les cités , et proclamant,
en un mot , le pillage et la guerre civile au nom
de l'ordre , des principes et de l'intérêt général.
Nous rappellerons surtout ces symptômes subits
de division entre les séditieux, au moment où se
croyant sûrs du succès de leur tentative, déjà ils
songeaient à rompre l'alliance : ces cris de rallie-
ment si opposés entre eux et qui, assignant à la
cause de la sédition des motifs si différens, pré-
sageaient une prochaine et sanglante séparation
entre des intérêts si peu concordans.

Pour peu que l'esprit de parti ait laissé de
raison et de sincérité, peut-on se refuser à reconnaître , dans ces faits non contestables , la conséquence et la preuve de la réalité des factions qui
nous menacent, ainsi que de tout ce que nous
venons de dire tout à l'heure sur leur marche perfide et leurs sinistres desseins?

A défaut de ces actes matériels d'hostilité, qui
ont trahi leur secret et qui nous en attestent l'existence, nous ne manquerions d'aucun des indices
qui les signalent d'ordinaire, et que nous avons
indiqués précédemment. (Voir livre premier, chapitre six.)

En effet , ou nous nous abusons étrangement,
ou jamais plus que depuis quelques années des
tentatives si multipliées n'ont été faites par des

ennemis intérieurs pour renverser l'ordre de choses existant et nous ramener vers l'anarchie. En pourra-t-on douter, si l'on se reporte un instant en idée aux excès de tout genre par lesquels s'est révélée cette malveillante disposition? Ne nous arrêtons ici qu'aux plus apparens : jetons les yeux sur cette longue suite d'abus déplorables de la noble liberté de parler et d'écrire, qui, envahissant jusqu'à la tribune publique, ont parfois associé le scandale aux débats législatifs; sur cette série de pamphlets et de libelles, dont le nombre chaque jour crois-sant a fatigué les organes de la loi répressive de leur licence; sur ces efforts constamment tentés pour réhabiliter à nos yeux des doctrines désho-norées dans notre esprit par leurs propres œuvres et par tous les crimes de la révolution, la souve-raineté du peuple, le droit d'insurrection. l'inu-tilité d'un culte, et toutes les autres conséquences, plus ou moins éloignées, plus ou moins absurdes ou atroces, de ces principes désorganisateurs ; qu'on songe combien d'apôtres de révolte et d'im-piété se disputent à l'envi le honteux honneur de nous corrompre et de nous tromper ! Sous com-bien de formes diverses ils offrent à nos esprits leurs trop dangereuses leçons, et avec quelle per-fide adresse, souvent secondée par un talent qu'on ne peut méconnaître, mais dont on doit amère-ment déplorer l'usage, ils vont poursuivant, tour-mentant l'opinion publique, et recrutant partout des forces pour la sédition ! Celui-ci, tout en dis-

tillant ses poisons, paraît, vrai tartuffe de la politique, tout pénétré d'une mystique et sainte ardeur
pour la liberté ; il ne parle qu'au nom de l'intérêt
public ; s'il accuse ou s'il se défend, ce n'est jamais que par zèle pour la vérité, ou par amour de
la patrie ; les grands mots d'indépendance et d'honneur national se reproduisant à chaque instant
sous sa plume cauteleuse et pateline, lui servent,
par tout l'art du sophiste, à motiver ses pernicieuses doctrines, à établir, par voie d'apparente
conséquence, les plus révoltantes propositions ; et
c'est ainsi que, masquant d'un motif sacré ses coupables desseins, il usurpe trop souvent par cette
fourbe indigne la confiance des citoyens peu éclai-
rés, aussi éloignés de croire à tant de fausseté,
qu'inhabiles à démêler tant de sophismes. Celui-là,
moins hypocrite et plus audacieux, proclame hautement et avec une cynique assurance ses principes
et ses désirs : il attaque de front les idées reçues, ré-
cuse nettement les institutions établies, invoque ou
l'empire ou la république, et, paraissant initié au
mystère d'un prochain changement, il inquiète,
par tant de hardiesse, les bons citoyens, ébranle les
faibles et autorise les méchans. Un autre, spéculant
sur un faible du caractère national, et sacrifiant
à la frivolité, transporte dans des feuilles légères sa
politique ennemie, et fait pour nous, d'un dé-
lassement de l'esprit, l'aliment de la malignité ;
cachant sous de rians dehors sa morgue d'opposition, il nous présente la calomnie ou le scandale

sous le voile d'une innocente saillie, et, protégée par une feinte gaîté, son humeur factieuse s'exhale en épigrammes ou en quolibets. Un autre encore, rendant Melpomène ou Thalie confidentes et complices de ses mauvais desseins, s'étudie à réveiller, par la magie du style et des allusions, tous les souvenirs proscrits, à faire du théâtre l'auxiliaire des factions, et à empoisonner ainsi pour nous la source du plus noble amusement.

Mais si tous ces ennemis de l'ordre diffèrent dans leurs moyens, et sans doute aussi dans leurs vues subversives, tous s'accordent pour confondre toutes les notions du juste, pour dénaturer par le mensonge les choses les plus simples, envenimer par la calomnie les faits les plus innocens, et corrompre, par le souffle empesté de ces deux ennemis de la vertu, les caractères et les existences les plus honorables. Delà tant de fausses accusations contre ce qu'ils appellent les hommes du pouvoir; tant de craintes insidieuses sur les prétendus dangers que court la liberté sous le Gouvernement du Prince qui, le premier, nous l'a fait connaître et goûter pure et vraie : delà cette opiniâtre et odieuse persévérance à peindre, comme l'œuvre d'un parti ennemi de la nation, toutes les inspirations, toutes les mesures de l'autorité, : de là ces insinuations perfides qui accusent les intentions si pures et si bienveillantes de nos Princes : delà ces appels continuels à l'opinion publique d'actes supposés d'arbitraire et de tyrannie, ces bruyantes dénonciations, chaque jour renouvelées, d'abus imaginaires, aujourd'hui publiées par les organes de la faction, et demain démenties par ceux-là mêmes qu'on indiquait comme leurs victimes (1) : delà enfin ce fiel répandu de toutes parts sur tout ce qui tient, de près ou de loin, à un Gouvernement qu'on s'efforce de décréditer pour le renverser ensuite avec plus de facilité. Certes il est impossible, à moins d'un complet aveuglement, de ne pas reconnaître à ces traits, malheureusement trop fidèles, tous les symptômes de l'exis-

-----

(1) Nous ne prétendons pas dire qu'aucun abus n'ait lieu, car ce serait dire, en principe, une chose absurde ; ce serait prétendre que nous sommes gouvernés par des êtres supérieurs à l'humanité. Un gouvernement sans abus n'est pas plus possible et plus concevable, qu'un homme sans erreurs ou sans faiblesses. Aussi la sagesse et la bonne foi ne cherchent-elles pas dans les gouvernemens des nations une perfection idéale et chimérique, mais seulement l'état qui s'en rapproche le plus : à cet égard, nous croyons franchement que, de tous les régimes politiques de notre siècle, celui actuel de la France est le meilleur, et celui de tous où les abus sont à-la-fois moins fréquens et moins graves ; ce n'est pas sans doute un motif pour ne pas les signaler quand ils se manifestent, et telle n'est pas notre idée : mais faisons-le en hommes sages ; n'incriminons pas une faute involontaire et souvent inaperçue par ceux-là mêmes qui la commettent, et tenons juste compte à l'autorité des peines, des difficultés de toute nature, dont est sans cesse hérissée l'épineuse carrière de l'administration publique; reprenons-la sans l'accuser, éclairons-la sans l'abreuver d'outrages. C'est par cette justice et cette modération seules que nos conseils lui pourront être utiles : car on écoute avec bienveillance un avis donné de même, mais on repousse avec humeur et fierté une injurieuse observation. Que ceux-là donc qui ont à relever des abus véritables, le fassent avec décence et sans acrimonie; ils rempliront ainsi leur devoir de bons citoyens : autrement ils ne seront ou ne paraîtront, à juste titre, que des factieux.

tence des factions qui se développent sous nos yeux avec une si effrayante puissance.

Parlerons nous de ces indignes auxiliaires qu'elles ont su lier à leur coupable cause ; de ces ténébreuses associations, qui sont le réceptacle et comme la mystérieuse officine des conspirateurs ; de toutes ces sombres horreurs, renouvelées des tems de la barbarie par des hommes qui se proclament les exclusifs amis des lumières et de la civilisation ; de cette logique sanguinaire qui enseigne à tuer quand elle ne peut convaincre ou séduire ; enfin, de cette exécrable doctrine du poignard, qui pousse au crime par amour de la patrie, et qui appelle l'assassinat au secours de la liberté ! ! !... Mais, que dis-je ? la liberté, l'amour de la patrie ! sont-ils donc pour quelque chose dans ces horribles excès, et n'est-ce pas une monstrueuse profanation que d'associer, à des idées si nobles, de si détestables principes ? Est-ce le culte de la liberté, que l'ardeur de la révolte, que la violation des lois, que la permanence des séditions ? Est-ce l'amour de la patrie, que cette affreuse injustice envers ses enfans, que cette usurpation odieuse des droits de la société, qui substitue à la punition légale d'un délit positif et reconnu, la vengeance arbitraire et individuelle d'un crime vague, ou même imaginaire ? La liberté veut-elle des révolutions sans terme ? la patrie exige-t-elle que, froidement barbare, et abjurant tout sentiment d'honneur, on frappe, même son ennemi,

dans l'ombre et le silence protecteurs des forfaits ?
Et la couronne civique est-elle donc réservée à des
fronts tachés d'un sang si lâchement répandu ? O
patrie ! liberté ! saintes divinités des grands cœurs,
vous qui n'inspirâtes jamais que de nobles sentimens
ou des actions généreuses, vous à qui la raison et
la philosophie donnent, pour constant attribut,
l'amour de l'ordre et de l'humanité, pourriez-
vous recevoir ces vœux sacriléges, avouer ces san-
glans holocaustes ! Accepteriez-vous les adorations
furieuses de ces frénétiques sectaires qui viennent,
souillant vos autels, y sacrifier des victimes humaines, et vous offrir, pour encens, la fumée des
incendies par eux allumés de toutes parts, pour
consumer tous les élémens de l'ordre social et pour
dévorer toutes les légitimités de la terre ! Non, vous
n'êtes pas, vous ne pouvez pas être complices de
tant d'horreurs, et votre juste indignation repousse
loin de vous, avec ces sacrifices impies, ces hommes
trop coupables, s'ils n'avaient pour eux l'excuse de
leur affreuse démence !

Il serait maintenant superflu, ce nous semble,
d'insister davantage sur la démonstration de cette
vérité : qu'il existe en France des factions, qu'elles
y sont puissantes, offensives, et qu'elles menacent
incessamment avec le pouvoir légitime le présent
et l'avenir de la patrie. Voyons donc pour complé-
ter le but de cet ouvrage, comment la prudence et
la politique nous conseillent dans ce pressant danger.

CHAPITRE V.

*Recherches sur les moyens de comprimer et
de détruire les factions en France.*

Ici un scrupule nous saisit : ne nous accusera-
t-on pas d'une étrange présomption , et ne nous
demandera-t-on pas à quel titre, nous, mince éco-
lier de la politique , nous venons, offrant à nos
maîtres d'inconvenantes leçons , prétendre à éclairer de nos pâles lumières la marche du Gouvernement ? Telle n'est pas , du moins , notre prétention :
nous n'ignorons pas que le glorieux privilége de
donner des directions au pouvoir n'appartient ,
après les corps constitués, qu'à ces génies élevés
que leur propre nature, jointe à une longue expérience des hommes et des choses, a doués de cette
rectitude de vues , de cette sûreté de principes , qui
donnent tant de poids à leur sentiment et en font ,
pour ainsi dire , l'oracle de la raison. On voit par
cet aveu que la prétention , en nous, de régenter le
pouvoir, si commune qu'elle soit de nos jours , serait, à nos propres yeux , encore plus ridicule
qu'ambitieuse; mais est-il vrai que nous ne puis-
sions, sans nous donner ce ridicule, exprimer publiquement notre opinion personnelle sur un point
qui intéresse si essentiellement le salut commun ?
. Le pouvoir n'a pas seul , dans la position actuelle

de la France, des devoirs à remplir, un plan de conduite à suivre ; les citoyens ont aussi leurs obligations, non moins graves, non moins sacrées, qui s'enchaînent à celles du Gouvernement d'une manière si étroite que pour bien les faire sentir il faut nécessairement traiter des unes et des autres. Voilà le sens dans lequel nous nous proposons d'examiner cette importante matière, et nous pensons que ce serait exercer envers nous une censure trop rigoureuse, que de voir dans ce dessein un écart de jugement ou une inspiration de vanité. Qu'on nous permette donc de bannir ce vain scrupule, et de nous livrer sans crainte d'aucune inconvenance à la discussion indiquée au sommaire de ce chapitre.

Si pour remédier à un mal quelconque la première condition est de le bien connaître, nous avons ici du moins cet avantage et nous sommes assuré de ne pas raisonner dans le vague : en effet, nous connaissons actuellement à fond les diverses factions que le malheur des tems et l'exagération des partis ont fait naître et développer en France : nous n'ignorons ni leurs causes ni leur caractère : nous savons ce qu'elles veulent, nous avons vu ce qu'elles osent, et ces notions essentielles doivent naturellement nous fournir contre elles des armes d'autant plus sûres : l'ennemi est bien près de sa défaite quand un courageux adversaire a pénétré son plan de campagne et ses secrets desseins.

Pour mieux comprendre nos idées sur le point à

examiner, nous prions qu'on veuille bien se re-
porter à l'endroit de cet ouvrage (1) où nous avons
traité sous un point de vue général la question que
nous spécialisons ici : en méditant sur ce que nous
y disons des moyens propres à étouffer les factions,
on jugera sans doute que nous mettons au premier rang de ceux qui doivent être employés, dans
la situation présente des choses, l'énergie du Gouvernement et la franche coopération des citoyens
honnêtes à toutes les mesures que le danger de l'E-
tat autorise.

Mais cette énergie du pouvoir, cette guerre par
lui déclarée aux factions, ne doit pas se révéler
uniquement par ses actes et pour ainsi dire après
coup ; il faut qu'elle soit hautement proclamée d'a-
vance ; il faut que les factieux sachent qu'ils trou-
veront partout et toujours, dans le Gouvernement,
la volonté de les réprimer ou la force de les punir ; il faut que, frappés, découragés, s'il est possible, par cette crainte salutaire, ils soient ame-
nés par elle à se convaincre de l'inutilité de leurs
tentatives, et à faire dès-lors abjuration de leurs
desseins subversifs. Ainsi le veut la saine politique,
pour laquelle il est plus glorieux encore d'éviter
des périls à l'Etat que de l'en délivrer ; ainsi le
veut l'humanité qui, moins sévère, moins impassible que la justice, frémit toujours à l'idée du

---

(1) Voir le Chap. vii du Livre 1er. , page 36.

sang, et qui lui demande de prévenir les crimes plutôt que de les venger.

Ainsi donc le premier soin du pouvoir nous semble dû à cette idée; ses plus grands efforts doivent tendre vers ce but : les discours du trône, la tribune parlementaire, les communications officielles de tous les dépositaires de l'autorité, doivent être autant d'organes par lesquels se manifeste et se propage cette inébranlable résolution prise par le Gouvernement, de combattre sans relâche et de punir sans pitié les ennemis de la patrie qui se révèlent par leur haine et leurs criminelles tentatives contre la légitimité.

Si cette solennelle déclaration est nécessaire pour intimider les factieux, elle ne l'est pas moins pour éclairer les bons citoyens sur les dangers qui les menacent, et pour arracher quelques-uns d'entre eux à la séduction d'une confiance naturelle, peu compatible avec la prudence, qui, répugnant à l'idée du crime, leur fait voir trop souvent les tentatives des factions comme un excès de zèle pour la liberté, et qui leur fait aussi considérer, comme une erreur excusable, une faute monstrueuse qui compromet le bonheur public et tout l'avenir de la nation.

Toutefois qu'on n'abuse pas contre nous de ces paroles, et qu'on ne nous accuse pas de provoquer à l'intolérance politique contre les citoyens dont l'opinion est contraire à celle du Gouvernement : tel n'est pas, tel ne sera jamais notre sentiment :

nous savons trop que la saine politique s'y oppose
avec non moins de force que l'humanité : si , en
effet, l'humanité répugne toujours à des mesures
de rigueur, l'expérience et la sagesse nous appren-
nent que les persécutions, loin de diminuer la
force d'un parti, même visiblement mauvais, l'aug-
mentent au contraire presque toujours, parce que,
lorsque l'équilibre est rompu,par une sévérité trop
grande, entre les fautes et leur punition, alors la
pitié prend dans le public la place de la justice, et
l'opinion ne voit plus que des victimes dans les
hommes qu'atteint cette punition trop rigoureuse :
nous avons, au surplus, exposé précédemment
notre doctrine sur ce point (chap v, liv. 1er.),
et nous ne voulons point y déroger dans l'application : nous savons faire à la faiblesse humaine les
concessions que la raison réclame, nous ne voulons
pas qu'on punisse personne des torts involontaires
de son jugement, et nous ne demandons pas qu'on
châtie une parole indiscrète, encore moins qu'on
viole le secret des consciences. Nous ne concevons
la justice et l'utilité d'une sévère application des
lois, que dans le cas où, loin de se contenir dans
les bornes d'un silence improbateur ou d'une expression confidentielle, une opinion subversive
produite au grand jour et publiquement professée,
aura dès-lors acquis un caractère de criminalité en
troublant la tranquillité publique, par une provo-
cation à la révolte contre le pouvoir légitime. Ainsi
notre système est celui-ci : justice et sévérité contre

les œuvres, indulgence envers les personnes : énergie et rigueur contre les factions, tolérance envers les partis.

Après ce premier devoir accompli, l'autorité doit tourner toute son attention vers l'une des causes les plus actives de la naissance et de l'aliment des factions : nous voulons parler de la licence de la presse par laquelle se répandent avec une si funeste facilité, ou ces doctrines coupables qui abusent les uns, ou ces atroces calomnies qui excitent les autres ; moyens honteux par lesquels les factions se recrutent, sinon activement, au moins d'une manière passive, en faisant naître une opinion malveillante qui épouse secrètement leurs querelles, et qui, loin de seconder les efforts du pouvoir, est plutôt disposée à s'applaudir de ses défaites. Nous avons assez fait voir précédemment toutes les intrigues auxquelles se prêtait, pour notre malheur, la liberté illimitée de la presse, et nous ne saurions nous taire sur la nécessité de mettre désormais un frein à cet effroyable désordre.

Non qu'ici nous prétendions repousser avec amertume un bienfait que la France doit au ministère actuel, après l'avoir vainement attendu de tous ceux qui l'ont précédé ; nous rendons au contraire, ainsi que nous le devons, un sincère hommage à la véritable libéralité de ce ministère, si calomnié par ceux qui se disent les seuls libéraux, mais auquel la France, raisonnable et impartiale, doit la justice d'avouer que, le premier, il l'a misé en possession, par la liberté illimitée de la presse, de la plénitude des droits concédés par la Charte. Et, pour l'observer en passant, ne doit-on pas voir dans cette noble démarche, qui a marqué ses premiers pas, la plus éclatante profession de principes qu'il pût faire pour rassurer les esprits les moins confians et les plus ombrageux; pour dissiper en un mot toutes les craintes si ridiculement conçues, ou plutôt si perfidement affectées, sur l'entrée des royalistes au ministère (1)?

Ce n'est donc pas dans la jouissance de cette liberté que nous voyons le mal; nous le voyons, avec beaucoup de bons esprits, dans l'absence d'une législation spéciale assez sévère pour en réprimer efficacement les abus : nous voulons que l'écrivain indigne qui prostitue sa plume ou à la calomnie, ou à la corruption de la morale, ou à

---

(1) Notre histoire moderne surprendra fort sans doute les âges futurs, lorsqu'elle leur dira qu'il fut chez nous un tems, où la force des choses ne permit de choisir les organes du pouvoir royal que parmi les partisans d'un pouvoir ennemi ou d'un systême opposé : on sait ce qui en résulta, et comment, au lieu d'une opinion sagement et franchement royaliste qui pouvait être si facilement créée, on n'obtint qu'une opinion bâtarde, presque honteuse de se produire, n'osant, dans une monarchie, avouer des sentimens monarchiques, et fraternisant tour à tour avec tous les partis : serait-il déraisonnable d'attribuer aux fautes de cette triste époque, une partie des maux de l'époque actuelle, et de penser que nous devons surtout à cette fausse politique d'un ministère passé, l'audace présente des factions, qu'il a involontairement encouragées, en les enseignant à tout oser contre un pouvoir qui paraissait tout craindre ?

la sacrilége profanation des objets de notre culte religieux et politique, nous voulons qu'un pareil infracteur des lois sociales ne soit pas, aux yeux de la raison scandalisée, puni simplement d'une légère atteinte à sa fortune ou à sa liberté, lorsque la triste victime de ses sophismes et de ses subornations va expier, sur les bancs de l'infamie, et parfois même jusque sur l'échafaud, un crime dont la punition n'atteint ainsi que le complice, et dont la loi fait grâce au vrai coupable.

Frappé de cette étrange contradiction, si propre à encourager l'audace des écrivains factieux, nous disons que notre législation actuelle éprouve sous ce rapport, le besoin réel d'une prompte amélioration, et que, sans une pénalité sévère, qui mette en juste rapport, avec le châtiment qu'ils méritent, les délits que se commettent journellement par la voie des pamphlets et des libelles, la liberté illimitée de la presse loin d'être, comme on devrait l'espérer, l'égide de nos libertés, n'est plus qu'un instrument de corruption, de ruine et d'affreux désordre.

Et comment n'être pas profondément pénétré de cette triste vérité, lorsque chaque jour nous en subissons les conséquences : lorsque l'opinion publique est incessamment harcelée, obsédée de tant d'odieux sophismes ou d'hypocrites déclamations, par lesquels on s'efforce de la fausser, de la diriger dans le sens des ennemis de la ligitimité : lorsque nous pouvons, par malheur, observer tant de personnes, d'ailleurs hon nêtes et judicieuses, qui, trompées et séduites par cette perfide adresse, se font, de bonne foi et comme involontairement les échos de la calomnie et les porte-voix de la sédition : lorsque nous les voyons, fatalement aveuglées sur leur propre intérêt, se liguer avec les factieux, contre le pouvoir protecteur qui cherche à les défendre des factions : détestant les conspirations, se faire les apologistes des conspirateurs : ne vouloir reconnaître, dans tous les complots révélés par la fidélité ou déjoués par la force publique, que l'œuvre ténébreuse et immorale des agens provocateurs (1) : douter du crime par cela que l'autorité le dénonce, en douter encore quand la justice le constate, et l'excuser quand la loi le condamne : garder toute leur admiration pour l'audacieux courage d'un accusé, et flétrir, par une imputation de rigueur ou même de cruauté, la noble conduite du magistrat vertueux fidèle à son devoir et à sa conscience : outrer l'indulgence et la sensibilité en faveur de tous les brouillons, de tous les anarchistes dont le

---

(1) Cette supposition d'agens provocateurs est devenue, comme on sait, l'accompagnement obligé de toutes les conspirations; mais en admettant même, ce que nous sommes loin toutefois d'accorder, que ce fût une vérité, qu'y a-t-il de plus absurde qu'une pareille excuse ? Est-ce qu'il suffit d'un perfide couseil qui vous entraîne au crime, pour vous en absoudre ? Est-ce que d'ailleurs tous les agens provocateurs imaginables pourraient jamais décider à conspirer un homme qui n'en aurait pas l'intention ? et n'est-ce pas l'intention, plus encore que le fait, qui constitue le crime aux yeux de la morale, si ce n'est à ceux de la loi ?

bien de l'État commande la répression sévère (1).
Enfin, et par le plus bizarre renversement d'idées,
s'opiniâtrer à voir l'amour de l'ordre et de la paix
partout, excepté dans le pouvoir chargé de les
maintenir et qui a l'intérêt le plus immédiat à leur
conservation ?

C'est la licence de la presse, et surtout de la presse
périodique, que nous accusons à trop juste titre
de tous ces torts : c'est par ses coupables excès, que
l'opinion se déprave au point d'amener, même de
bons esprits, à de pareilles inconséquences, et de les
jeter dans de si étranges erreurs, qui seraient bien
ridicules, si elles n'étaient encore plus dangereuses,
en augmentant la force des factions de toute l'autorité qui s'attache à l'opinion de quelques honnêtes
gens, reconnus incapables de mauvaises intentions,

____

(1) A Dieu ne plaise que nous blâmions ici un sentiment d'humanité,
même exagéré : nous déplorons aussi sincérement que qui que ce soit
l'affreuse nécessité de déployer l'appareil des supplices : le sang nous fait
horreur autant qu'à toute âme honnête et sensible : mais quels sont les
barbares, ou de ceux qui poussent aux crimes qui le font verser, ou de
ceux à qui la loi impose le rigoureux devoir de venger la société offensée,
en provoquant la punition de ces crimes par la justice nationale ? Et
n'est-ce pas une iniquité révoltante que d'accabler d'outrages et d'amertume les hommes courageux qui se dévouent, dans l'intérêt de l'État,
à de si pénibles fonctions ? Nous faisons cette réflexion pour les gens
de bonne foi, qui pourraient partager cette triste erreur, et nous sou-
haitons qu'elle leur fasse abjurer leur injustice : mais pour les hommes
de faction, nous n'y comptons pas, car, il est convenu d'avance entre
eux qu'un procureur général ou un procureur du Roi doit toujours être
dépeint à l'opinion comme un odieux persécuteur de l'innocence et du
malheur ; en cela ils se montrent conséquens : ils défendent, dans tous
les conspirateurs, leurs dupes ou leurs complices.

et qui pourtant, de fait et malgré eux, font cause commune avec les ennemis de l'ordre public.

Nous appelons donc de tous nos vœux une nouvelle loi, plus efficacement répressive des abus que nous déplorons ici. Nous l'invoquons dans l'intérêt même de la liberté de la presse, et comme le seul moyen de nous la conserver, car nous pensons qu'autrement, et si l'état actuel des choses se perpétuait long-tems, il y aurait nécessité pour le gouvernement d'user de la faculté, que lui donne la dernière loi, de rétablir la censure. Nous osons espérer que le ministère, que les chambres sentiront toute l'urgence et l'utilité de cette loi nouvelle, et nous pensons que cette importante mesure ferait disparaître bien des élemens de trouble et de malheur.

Mais il ne suffit pas, ce nous semble, cherchant dans des espérances un remède au mal actuel, de raisonner ici sur les moyens futurs d'ôter à la liberté illimitée de la presse ce qu'elle a de plus funeste ; il faut surtout s'attacher à lui faire produire, dès à présent, tout ce qu'elle peut avoir de bon et d'utile, afin d'en faire pour ainsi dire le contrepoids de ses influences pernicieuses, et c'est moins au gouvernement qu'aux citoyens eux-mêmes à lui donner cette salutaire direction.

C'est à eux, c'est à ces hommes honorables, qui savent à la fois et bien dire et bien faire, que la patrie éplorée demande en suppliante le secours de leurs lumières et de leur dévouement ; c'est d'eux qu'elle invoque une nouvelle et courageuse persé-

vérance dans leurs efforts contre les mauvaises doctrines; qu'ils s'arment donc pour sa défense : qu'ils
lui consacrent, pour la propagation des bons principes, un zèle qui ne se laisse pas vaincre par le zèle
fatal des corrupteurs de l'opinion. L'ardeur des révolutions, non contente de ses succès sur les habitans des cités, et violant le dernier asile de l'innocence politique, a porté jusque dans les chaumières
des enseignemens de révolte et d'impiété! Eh bien!
que l'amour de l'ordre y porte, à son tour, des
préceptes de sagesse, de vertu, de religion : que
l'on fasse voir à ce peuple trompé dans quel abîme
le veulent précipiter ses perfides amis : que mettant
à profit sa droiture naturelle, on lui démontre, par
la simple analyse du bon sens, combien l'abusent
ses détestables flatteurs, avec cette chimère de souveraineté, revendiquée en son nom par les intrigans et les ambitieux, pour arriver plus sûrement
à l'asservir et à le dépouiller : qu'on lui enseigne, par
le sentiment uni à la raison, qu'il n'y a de bonheur
possible que dans la morale, de repos que dans la
légitimité, de gloire véritable que dans la défense
du territoire, et de véritable liberté que dans la
soumission aux lois !

Et si ce n'est assez du zèle des écrivains, que mille
voix généreuses s'élèvent sans relâche en faveur de
ces vérités solennelles; que la tribune nationale les
proclame, pure désormais de la souillure des doctrines contraires; que tous les corps de l'État s'em-
pressent de les avouer en toute occasion, et qu'en-

fin cette fervente profession des vraies maximes sociales, se montrant hautement partout où pénétrè-
rent les faux principes, s'efforce à les combattre,
à les détruire, et à nous soustraire désormais et pour
toujours à leur désastreuse influence.

Voilà comment, d'une part, la sagesse du gouvernement, et, d'une autre part, le patriotisme
des citoyens parviendront bientôt à arracher des
mains des factions l'arme fatale qu'elles ont trou-
vée dans la liberté illimitée de la presse.

Ce que nous venons de dire des citoyens, en général, la raison veut que nous l'exigions plus ri-
goureusement encore de ceux d'entre eux que le
gouvernement, honorant de sa confiance, a choisis
pour ses organes : et non-seulement nous pensons
qu'il est juste que le pouvoir, dans son propre
intérêt de conservation, ne s'entoure que d'hommes dévoués, mais même nous soutenons que,
dans l'intérêt commun et pour le salut de l'État,
il le doit faire avec tout le scrupule possible. Ainsi,
et en principe, nous lui faisons pour nous un devoir
de ce que pour lui nous lui accordons comme une
faculté.

Et comment, en effet, nous le demandons à
tout homme raisonnable, comment le pouvoir
pourrait-il entretenir l'harmonie nécessaire entre
ses intentions et ses actes, s'il n'était secondé par
des intentions analogues? si, par la malveillance ou
l'infidélité d'un agent, l'exécution de ses ordres
pouvait être entravée, ses mesures contrariées, ses

secrets trahis? Conçoit-on assez toute l'inconsé-
quence, sent-on bien tout le ridicule d'un systême d'administration qui admettrait ce principe
d'indifférence dans le choix des serviteurs de l'État?

Cette imprudence qui, même dans un tems de
calme, ne serait pas tolérable, pourrait-elle donc
le devenir, dans un tems de trouble et de désordre, où l'État a le plus besoin d'être fidèlement
servi : où il faut au pouvoir une énergie d'action qui
réponde à l'énergie de sa volonté : où, incessamment
menacé par d'implacables ennemis, c'est pour lui
une condition essentielle de sa conservation, d'a-
voir partout des serviteurs sûrs et courageux, qui
ne se laissent ni gagner par la corruption, ni effrayer
par les dangers?

Le gouvernement ne saurait donc, suivant nous,
mettre trop de soin et de discernement dans le
choix de ses serviteurs, et pour lui, comme pour
nous, ce scrupule sera l'une des causes les plus
efficaces du prompt retour de l'ordre et de la con-
solidation de la légitimité. Les factieux, en effet,
ne comptent pas pour peu de chose, dans leurs
espérances de succès, la facilité qu'ils pensent trouver auprès des chefs de ville, de corps ou d'administration, dont l'opinion, secrètement hostile contre le gouvernement, ou même seulement indiffé-
rente à ses intérêts, paralyserait les efforts auxx-
quels leur devoir les oblige pour sa défense. Il faut
que les factieux perdent désormais cet espoir, et
que, découragés par la certitnde de ne trouver

partout que des sujets fidèles, des défenseurs dévoués, ils sentent d'eux-mêmes la nécessité de re-
noncer à leurs sinistres projets. Que les hommes
faibles ou peu sûrs soient donc éloignés des places
où l'on ne doit voir que le courage et la fidélité;
l'intérêt de l'État, le salut public l'exige, et la conscience même de ces hommes doit leur conseiller la
retraite, à moins que, par un glorieux retour sur
leurs erreurs passées, ils ne se sentent dignes désormais de tout sacrifier à leur devoir.

Ceci, comme on le voit, ne s'applique dans notre
idée, qu'aux postes importans et dans lesquels ceux
qui les occupent, pouvant se trouver à l'improviste
en face des factieux, sont obligés vis-à-vis d'eux à
une défense personnelle; mais quant aux emplois
inférieurs qui ne donnent point d'influence sur les
affaires publiques, et dont les titulaires ne pourraient se trouver en contact avec la sédition, à raison de ces emplois, nous pensons que le gouvernement peut user d'une grande indulgence, et que,
sauf le cas de sentimens subversifs hautement
professés, d'une insulte grave et directe envers le
pouvoir, on peut tolérer quelques travers; nous
croyons qu'on peut surtout accorder quelque chose
à cette faiblesse humaine, que certains nomment
la prudence du père de famille, et qui fait qu'un citoyen honnête dont l'existence entière est attachée
à la place qu'il occuppe, après avoir vu se succéder
tant de régimes contraires, craint toujours, en ma-
nifestant sa pensée du moment, de se compromettre

pour l'avenir : sentiment plus judicieux qu'honorable, réserve peu généreuse, triste fruit des révolutions, qui finissent par détruire dans les hommes
l'énergie du bien, en les plaçant trop souvent entre
leur conscience et leur intérêt !

Cette tolérance que la bonté naturelle inspire,
la politique aussi la conseille au pouvoir, car il serait fâcheux d'alarmer sur la stabilité de leur avenir un si grand nombre de citoyens qui n'ont, pour
ainsi dire, qu'un tort négatif, et auxquels on ne peut
reprocher que leur nullité politique, mais qui du
reste, attachés aux devoirs de leur emploi et comp-
tant de longs services, méritent sous ce rapport dé
l'estime et des égards. Dailleurs ne peut-on espérer
d'eux quelque retour vers les bons principes ? quand
le cœur est honnête, il les rappelle de lui même,
quelle que soit l'erreur qui les en éloigna. Comptons
donc sur une conversion que l'indulgence du pouvoir commencera, et qu'achevera bientôt le bon
exemple des chefs : n'oublions pas que la sagesse
procède avec lenteur, que le bien qui s'opère trop
vîte est souvent un mal, et attendons du tems une
amélioration que lui seul peut amener sans dangers.

On voit que, sur ce point, nous tranchons beaucoup moins dans le vif que certain libéral fameux,
l'oracle du parti, lorsqu'il assurait, il n'y a pas long-
tems, que pour administrer la France dans un sens
constitutionnel il fallait de nécessité destituer et
remplacer tous les fonctionnaires , depuis le di-

recteur-général jusqu'au percepteur des contri-
butions (1); nous doutons fort que ce soit là un
bon moyen pour faire beaucoup d'amis à la constitution, et nous pensons que c'est pousser, jusqu'à
la désorganisation, la conséquence d'un principe
d'ordre et de conservation.

Cherchons donc à faire prévaloir une doctrine
plus sage et ne donnons pas aux partis cette arme
offensive, de motiver un secret mécontentement
dans une classe si nombreuse de citoyens, ou d'accuser les amis du gouvernement de ne s'attacher à lui
que dans l'ambitieux espoir d'envahir tous les emplois, au préjudice des titulaires actuels.

Quelle que soit cependant notre tolérance, il est
un genre de fonctions auquel la prudence et la saine
politique nous défendent de l'étendre, parce que
ce serait, entretenant la corruption dans sa source,
léguer nos malheurs à l'avenir : nous voulons parler de cet ordre vénérable de fonctionnaires auquel
la sollicitude du gouvernement et la confiance des
familles livrent l'éducation de la jeunesse : certes
si la morale, si la ligitimité, si la religion doivent
avoir de sincères amis, des apôtres zélés, ce doit
être surtout parmi ces hommes dont le ministère
est d'en perpétuer le culte non moins que celui des
sciences, et de former le cœur aussi bien que l'es-

---

(1) Qu'on explique après cela comment le parti croit devoir crier si
haut à l'arbitraire et au despotisme, lorsque parfois le gouvernement
pense devoir user de son droit de destitution ! Est-ce là de la justice,
est-ce de la bonne foi ?

prit, afin de nous livrer, non seulement des savans, mais encore de bons citoyens ; afin que cette noble jeunesse, déjà l'orgueil de la patrie, réponde un jour à son espoir. On n'est pas digne d'une si belle mission sans une exemplaire pureté de principes : il faut aimer le bien pour en transmettre l'amour, c'est par l'ascendant de la vertu qu'il faut gouverner ces jeunes âmes, et c'est surtout l'exemple qui est puissant sur elles; ne récusons donc pas un devoir sacré de protection envers ces pupilles de l'État, qui en doivent être un jour les soutiens : gardons-les bien de l'invasion des mauvaises doctrines, avant que leur raison mûrie ne leur ait donné les forces nécessaires à la résistance : sauvons leur adolescence des dangers qui menaceront trop tôt leur virilité : ne laissons pas profaner leur innocence par l'esprit de désordre, et hâtons-nous de les soustraire à la funeste influence qui flétrirait en eux le germe des vertus et du véritable patriotisme, sans lesquels la science n'est qu'un don fatal à la société, en écartant du sanctuaire des lettres et de l'enseignement les hommes à scandale, les conseillers d'athéisme, et les professeurs d'anarchie. (1)

C'est ainsi que nous parviendrons à prévenir dans la jeunesse les erreurs du jugement, ou la corrup-

---

(1) Nous n'argumenterons pas ici contre les méthodes : nous les croyons toutes bonnes, pourvu que les hommes qui les emploient soient purs; seulement nous pensons que celles qui sont les plus promptes ne sont pas toujours les plus propres à bien former le jugement.

tion du cœur, et que nous arracherons aux factions de futures victimes, que peut être elles convoitent déjà.

Ce dernier moyen de les combattre nous a paru l'un des plus efficaces pour l'avenir, parce qu'il détruit le mal dans sa racine, et qu'il tend à rasseoir sur des bases solides l'édifice de la morale publique si fortement ébranlé par les secousses révolutionnaires. Nous pensons donc qu'il mérite toute l'attention du pouvoir, et que tous les pères de famille honnêtes ne sauraient trop désirer de voir purifier, quant aux hommes et aux choses, le systême de l'enseignement public.

Mais tous ces moyens divers de résistance aux factions demandent, pour condition première de leur utilité, l'union des citoyens entre eux et leur franche coopération aux actes du gouvernement ; autrement ses bonnes intentions seraient comme paralysées par des difficultés sans cesse renaissantes d'éxécution : son action resterait languissante, inefficace, et bientôt les factions, rassurées par cette impossibilité où serait le pouvoir d'agir contre elles avec la vigueur nécessaire, et redoublant d'audace par l'espoir d'un succès prochain, reprendraient tous leurs avantages et finiraient par triompher.

Cette union est d'ordinaire naturellement conseillée aux bons citoyens par la considération des dangers que court la chose publique : or, nous devons croire, qu'à moins d'être complétement aveugle, ou de manquer de bonne foi, il n'est personne

en France qui ne reconnaisse aujourd'hui ces dangers : nous devons donc espérer de voir naître de
leur crainte salutaire cette union si désirable; sou-
haitons-la d'abord,et avant tout,dans les corps constitués pour représenter l'opinion publique , dans la
Chambre des pairs et celle des députés; car c'est
là surtout qu'elle est utile , indispensable pour soutenir et favoriser l'action du gouvernement : c'est
dans la sainte coalition des trois pouvoirs contre la
'igue des factions,qu'est le premier gage du triomphe
de la légitimité : faisons donc des vœux ardens pour
que cette alliance se resserre plus étroitement; et
si le malheur des tems, si la faiblesse humaine, ne
permettent pas une complette unanimité d'opinion
entre les membres de chacune des deux Chambres,
souhaitons-y du moins une majorité forte, imposante, qui entretienne l'harmonie entre ces corps
vénérables et l'auguste pouvoir du Monarque : sans
doute ce vœu sera compris des bons citoyens que
la loi appelle à user incessament du plus beau des
droits que la Charte ait consacrés au profit du
peuple, le droit d'élection de ses mandataires; au
moment d'un nouveau choix, ils sentiront combien
il importe au salut de la patrie que ce choix n'en
trahisse pas l'espoir; ils comprendront que le besoin de l'époque actuelle est celui de députés,
avant tout, ennemis des factions, amis de la légitimité, plutôt disposés à seconder le pouvoir, qu'à
le censurer, assez purs, assez désintéressés pour
ne pas fonder leur renommée sur une âpre résis-

tance à tous ses actes,et leurs espérances d'élévation personnelle sur la ruine d'un ministère : assez sages pour concevoir que le premier intérêt de la nation est de conjurer les dangers qui menacent son avenir, et que dès-lors leur premier devoir est de porter au gouvernement tout l'appui nécessaire pour le mettre à même de marcher droit à ce résultat, ajournant jusque là, comme intempestive et déplacée, toute idée de blâme et d'opposition : assez habiles du reste pour juger que toujours la liberté périt par ses excès, et que pour la conserver il faut savoir la contenir dans de justes bornes ; enfin, assez courageux pour ne pas regarder en arrière, pour ne pas craindre les menaces des factieux, mais assez prudens pour ne pas s'avancer trop dans la carrière et ne pas s'abandonner trop facilement à des guides peu fidèles ou peu clairvoyans.

On peut, on doit sans doute espérer cette sagesse des citoyens et cette union des trois pouvoirs, mais on doit penser que les factions s'efforceront en mille manières de rompre cette harmonie ; qu'on se tienne donc en garde contre leurs tentatives : qu'on redoute les effets de leur politique perfide, et que, les yeux fixés vers le but qu'ils se sont proposé, les bons citoyens ne se laissent détourner de ce but glorieux, ni par séduction, ni par crainte, ni par faiblesse ; si leur patriotisme permet, comme nous n'en doutons pas, de compter sur cette honorable persévérance, l'heure du néant a sonné pour les factions, et le salut de l'État est désormais assuré.

Il est une réflexion que feront sans doute toutes les personnes qui liront ce chapitre : c'est qu'en rapprochant nos idées, sur la matière dont il traite, des actes du ministère actuel, notre sentiment se trouve, sous beaucoup de rapports, en concordance parfaite avec sa marche jusqu'ici tenue : et peut-être en accusera-t-on nos recherches, ou d'inutilité, ou d'une sorte de plagiat, ou enfin d'adulation envers le pouvoir : on aurait tort sur tous les points : en effet, d'une part, tous les développemens auxquels nous nous sommes livrés sont les conséquences immédiates, nécessaires, de nos précédentes doctrines, et nous ne pouvions, à peine de laisser notre ouvrage imparfait, nous dispenser de les indiquer. D'un autre côté, si notre théorie est bonne, comme nous osons le croire, il n'est pas étonnant que ses déductions se soient trouvées naturellement être les règles que le pouvoir s'est tracées, et il est certain, que même avant qu'il les eût adoptées, les lois de l'induction nous les eussent signalées, tout aussi bien qu'après. Enfin nous nous rendons, inspiré d'un noble orgueil, la justice de dire que nous ne sommes pas capable d'une lâche et servile flatterie envers qui que ce soit : nous laissons cette bassesse aux familiers d'intrigue ; mais si, dans notre sentiment, le pouvoir a raison, ne serait-ce pas une autre sorte de lâcheté que de n'oser l'avouer ? Les travers du jour lui donnent tant de frondeurs, d'ennemis ou de timides soutiens, qu'il y a presque de la générosité à se déclarer son défenseur, et il faut, en effet, quelque force d'âme pour dédaigner les sarcasmes dont le vulgaire léger ou malveillant poursuit d'ordinaire les amis d'un ministère, si parfait qu'il puisse être d'ailleurs.

Nous n'en dirons pas davantage sur ce point qui nous est personnel, et nous nous abandonnons pleinement à la justice, à la bonne foi de nos lecteurs.

CONCLUSION.

Nous croyons avoir rempli, sinon avec succès, du moins avec le zèle d'un véritable ami de la patrie, la tâche que nous nous étions imposée ; nous abandonnons nos idées au jugement du public, à la méditation des hommes d'état, s'ils les trouvent dignes de fixer leur attention. Du reste notre amour propre d'auteur est pleinement désintéressé dans l'attente de leur opinion sur le mérite de cet écrit; si nous eussions écouté les conseils de cet amour propre, nous n'eussions pas publié notre ouvrage, car nous ne nous dissimulons pas son imperfection sous bien des rapports, et il est difficile, au reste, qu'il ne se ressente pas de la précipitation extrême avec laquelle il a été composé. Mais nous n'avons pas balancé à faire, à notre amour du bien public, le sacrifice de notre vanité personnelle. Nous ne nous présentons donc ici que comme citoyen et non pas comme écrivain; peu nous importe l'opinion qu'on se fera

de notre manière d'exprimer nos idées, si au fond
on les trouve bonnes, ou si, du moins, on y voit un
sincère amour de la patrie, et le désir ardent d'être
utile en quelque chose à nos concitoyens : c'est là
le seul succès auquel nous aspirions, et tous nos
vœux seront comblés, si, daignant apprécier nos intentions, l'on nous reconnaît, à nos œuvres, pour un
digne enfant de cette noble France, objet de notre
culte : non celle, toutefois, que s'efforce en vain
de nous faire, au gré de ses extravagans ou coupables désirs, l'esprit des révolutions, mais celle que
nous ont léguée nos pères, celle qui fut et qui sera
toujours la terre classique de l'honneur, du royalisme, et de la vraie liberté.

www.ingramcontent.com/pod-product-compliance
Ingram Content Group UK Ltd.
Pitfield, Milton Keynes, MK11 3LW, UK
UKHW020005100726
13658UKWH00002B/811